이구일의 어린이 방과후 첼로 Ⅲ

머 리 말

감성(EQ)과 지능(IQ) 개발에는 음악교육이 단연 최고입니다. 첼로는 사람의 심장 가까이에서 가슴을 품고 연주하는 악기이기 때문에, 사람의 마음을 편안하게 하고 사람의 목소리와 가장 흡사한 악기라고 합니다. 또한 현악기 중에서 포근한 중저음에서 현대에 와서는 고음역대까지 넘나들며 오늘날에는 좀 더 폭넓은 연주로 사랑을 받고 있습니다. 이러한 훌륭한 악기를 공부하게 된 여러분을 환영합니다.

『방과 후 첼로』 공부는 음악의 기초 이론과 함께 실기 연습을 병행하면서 악보 보는 능력을 키우기 위한 기초 교재로 만들었습니다. 또한 계이름, 음정, 음계 등 기본적인 음악 이론을 포괄적으로 수록하였습니다.

『방과 후 첼로』 1, 2, 3권을 공부하고 난 뒤 바로 연결하여 저자의 『어린이 첼로 소곡집』과 교본 『뉴첼로 교실 I』, 『뉴첼로 지도곡집 I』의 순서대로 차근차근 기본기를 습득한다면 보다 폭넓은 음악을 구사할 수 있으리라 생각합니다.

이 구 일

차 례

줄임표

 **줄임표**

음표나 리듬이 같은 모양으로 반복될 때 사용하는 것으로 악보를 간단히 줄여서 나타냅니다.

1) 같은 음이 반복될 때

2) 같은 리듬이 반복될 때

 맞는 것에 연결하세요.

 줄임표를 보고 아래 보표에 소리 내기를 그리세요.

줄임표의 소리가 맞으면 ○, 틀리면 ✕ 하세요

(　)

(　)

(　)

꾸밈음

 **꾸밈음**

어떤 음을 꾸미기 위해 음표의 앞이나 뒤에 붙이는 작은 음표를 꾸밈음이라고 합니다.

| 꾸밈음 | 소리내기 |

짧은앞 꾸밈음	
겹앞 꾸밈음	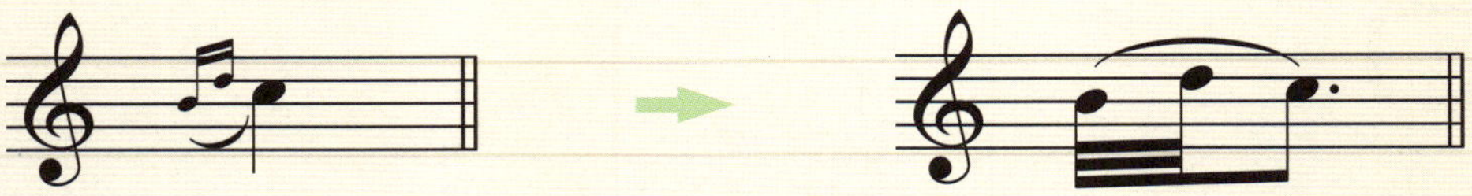
뒤 꾸밈음	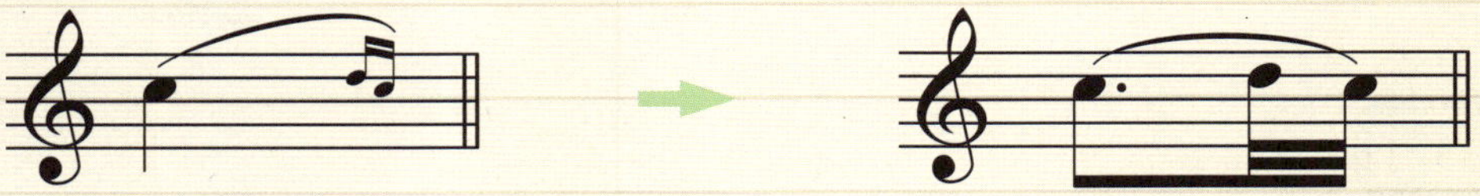
돈 꾸밈음	
잔결 꾸밈음	
미끈 꾸밈음	

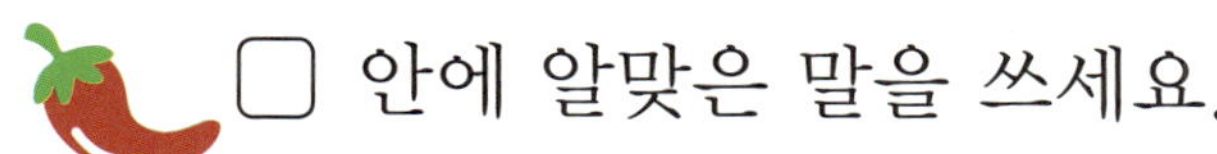 안에 알맞은 말을 쓰세요.

💚 어떤 음을 꾸미기 위해 음표의 앞이나 뒤에 붙이는 작은 음표를

☐☐☐ 이라고 합니다.

꾸밈음의 소리 내기가 맞는 것에 연결하세요.

꾸밈음의 이름을 쓰세요.

변화표

 ♯, ♭, ♮ 등 음높이에 변화를 주는 기호를 **변화표**라고 하며,
변화표는 조표나 임시표로 사용됩니다.

♯ – 올림표 : 반음 올릴 때 사용하며 '**샤프**'라고 합니다.

♭ – 내림표 : 반음 내릴 때 사용하며 '**플랫**'이라고 합니다.

♮ – 제자리표 : ♯나 ♭에 의해 반음 올리거나 내린 음을
본래의 음으로 되돌릴 때 사용하며, '**내추럴**'이라고 합니다.

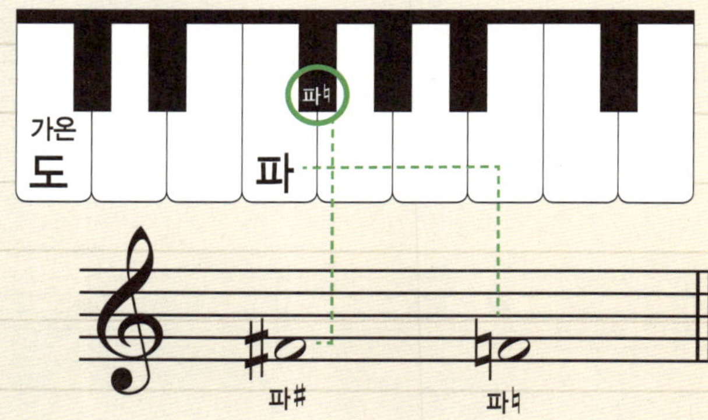

 음에 맞게 건반을 연결하세요.

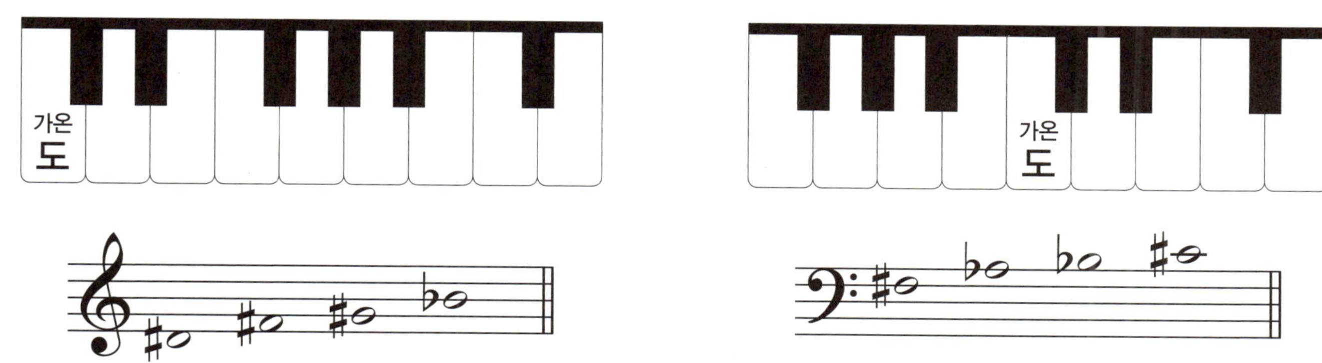

 계이름에 맞게 온음표와 변화표를 그리세요.

 변화표의 이름을 쓰고 맞는 것에 연결하세요.

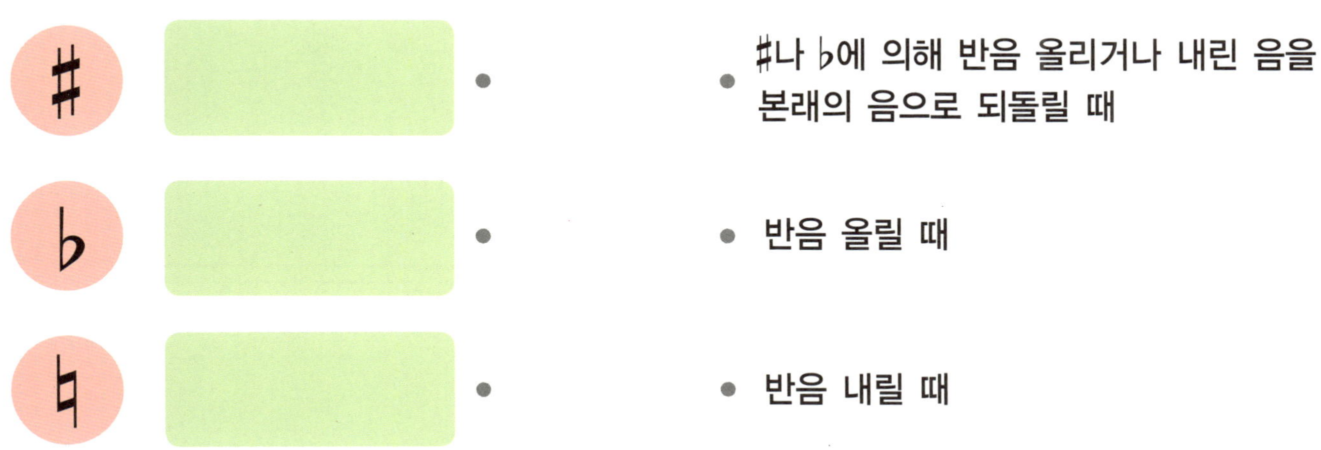

♯(샤프) 붙는 순서

조표에 ♯가 늘어날 때마다 오른쪽으로 하나씩 순서대로 붙습니다.

붙는 순서 : 파 → 도 → 솔 → 레 → 라 → 미 → 시

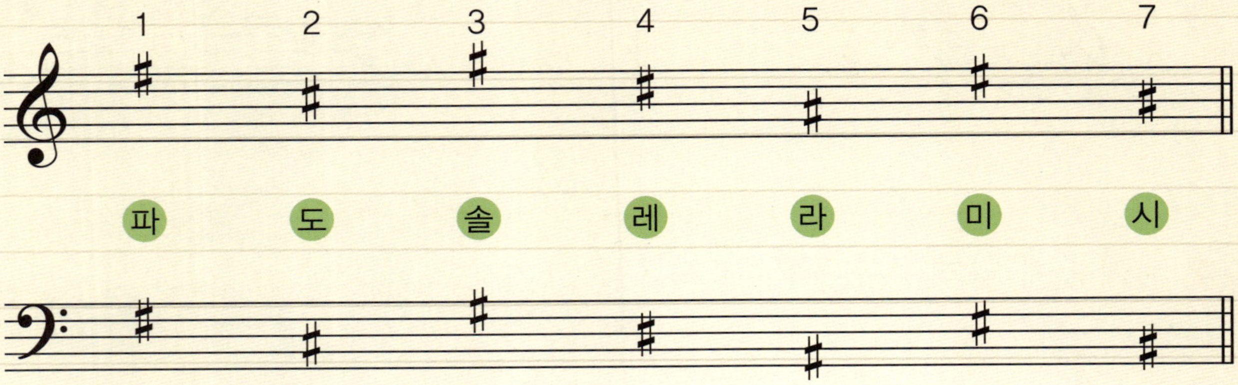

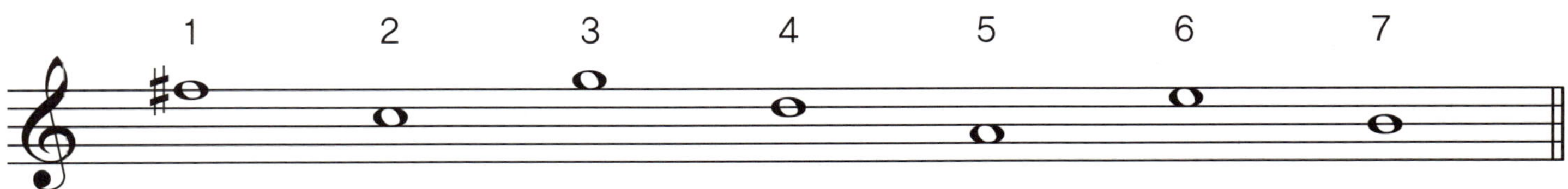

올림표가 음표의 칸에 걸려 있으면 칸에 그리고
줄에 걸려 있으면 줄에 걸쳐 그립니다.

계이름을 읽으면서 음표의 앞에 ♯를 그려 보세요.

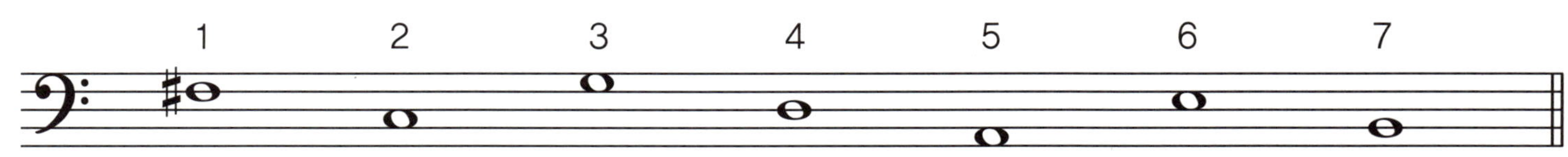

 조표에 ♯가 붙는 순서대로 그리고, ☐ 안에 계이름을 쓰세요.

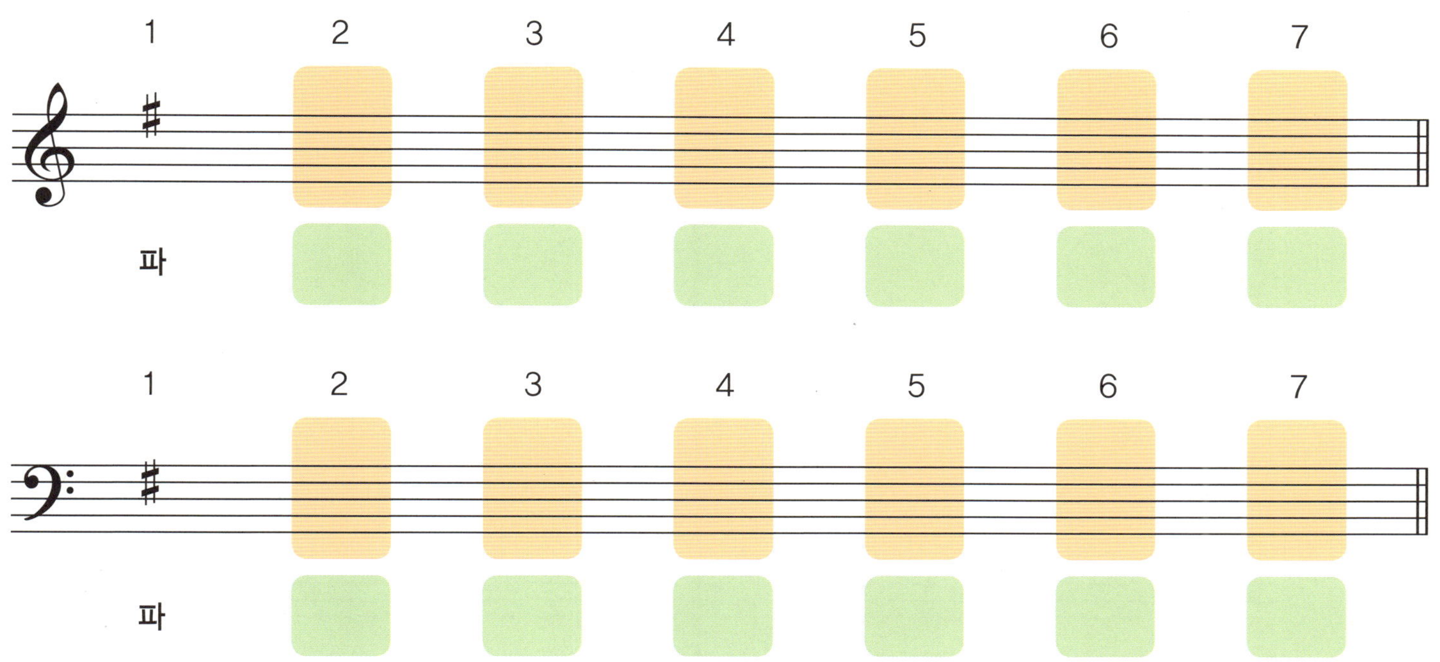

 주어진 개 수에 맞게 ♯를 순서대로 그리세요.

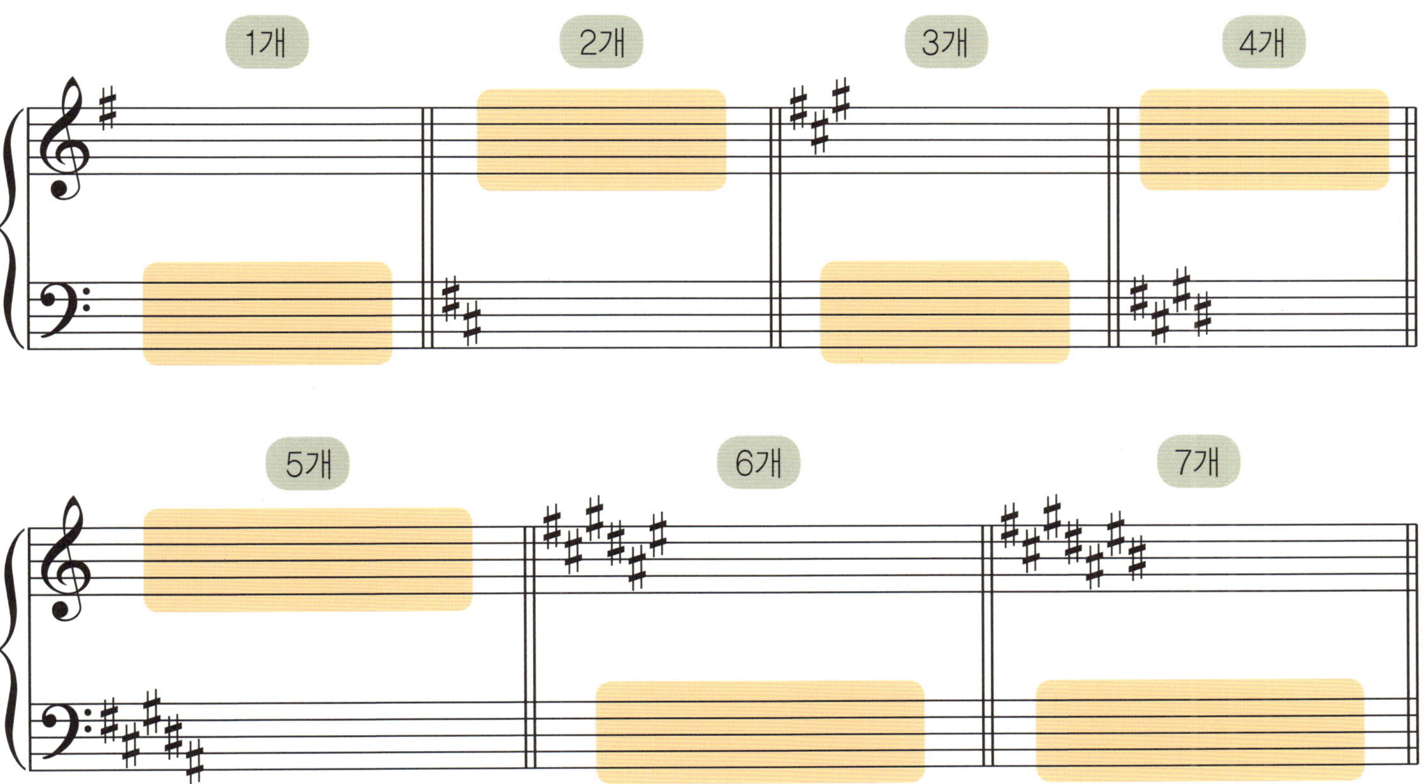

🌱 ♭(플랫) 붙는 순서

조표에 ♭이 늘어날 때마다 오른쪽으로 하나씩 순서대로 붙습니다.

 계이름을 읽으면서 음표의 앞에 ♭을 그려 보세요.

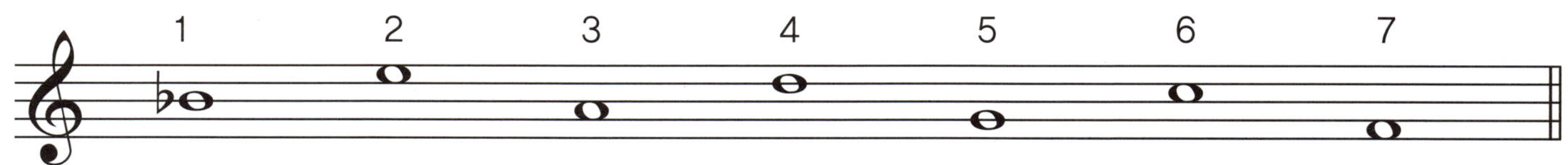

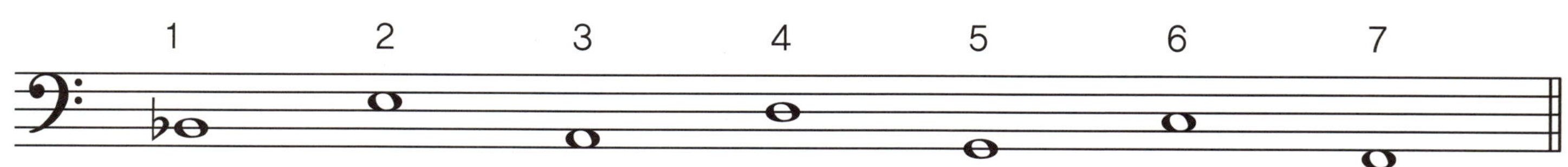

 조표에 ♭이 붙는 순서대로 그리고, ☐ 안에 계이름을 쓰세요.

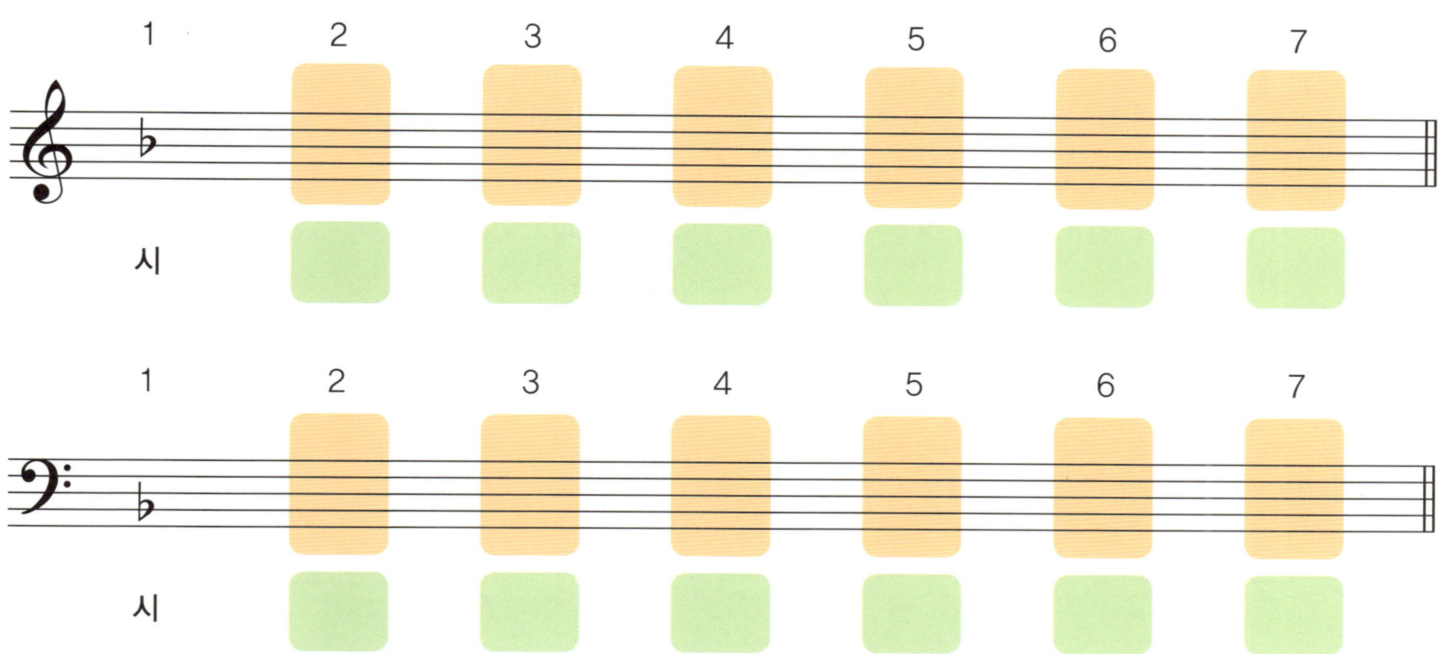

 주어진 개 수에 맞게 ♭을 순서대로 그리세요.

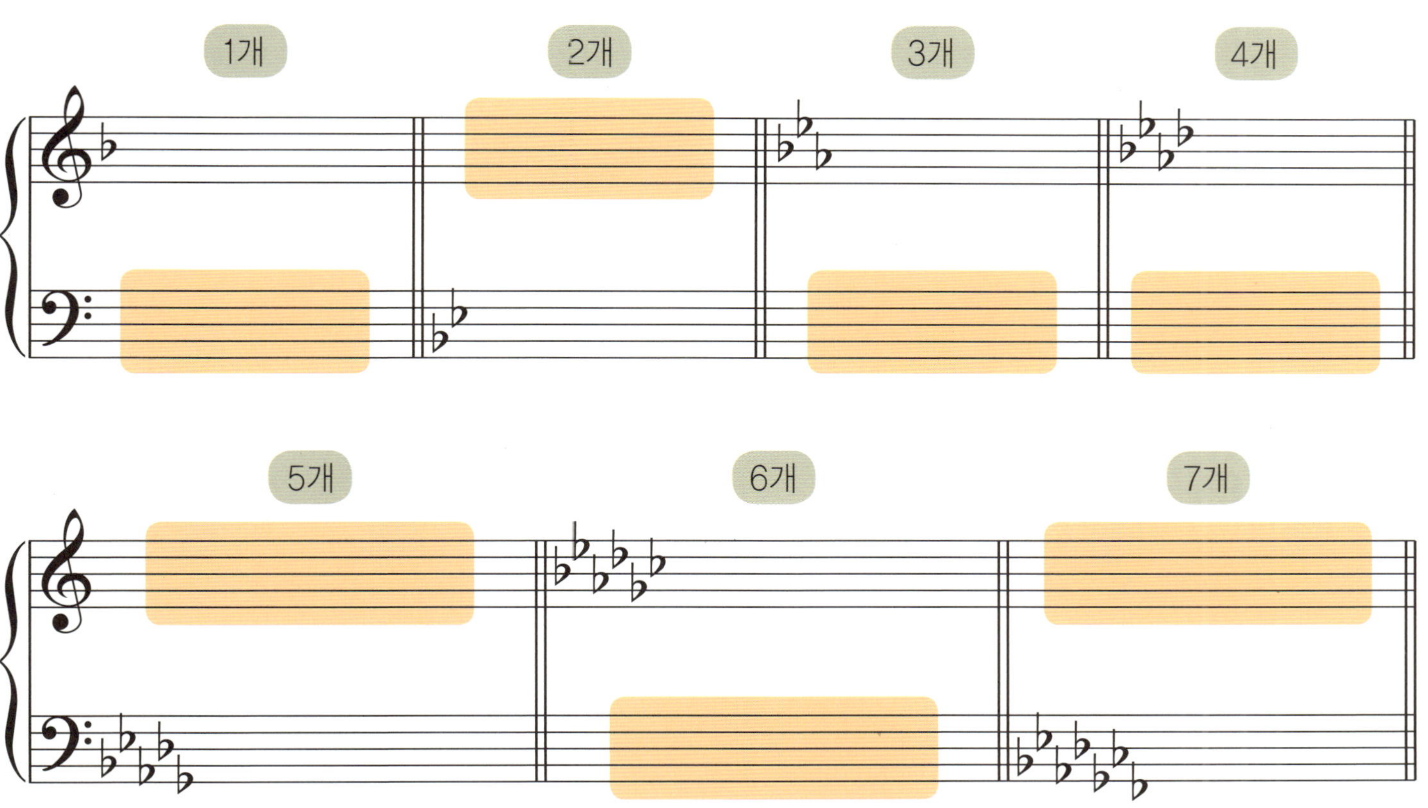

복습 1

1. 같은 음이 반복될 때 소리 내기를 써 보세요.

2. 같은 리듬이 반복될 때 소리 내기를 써 보세요.

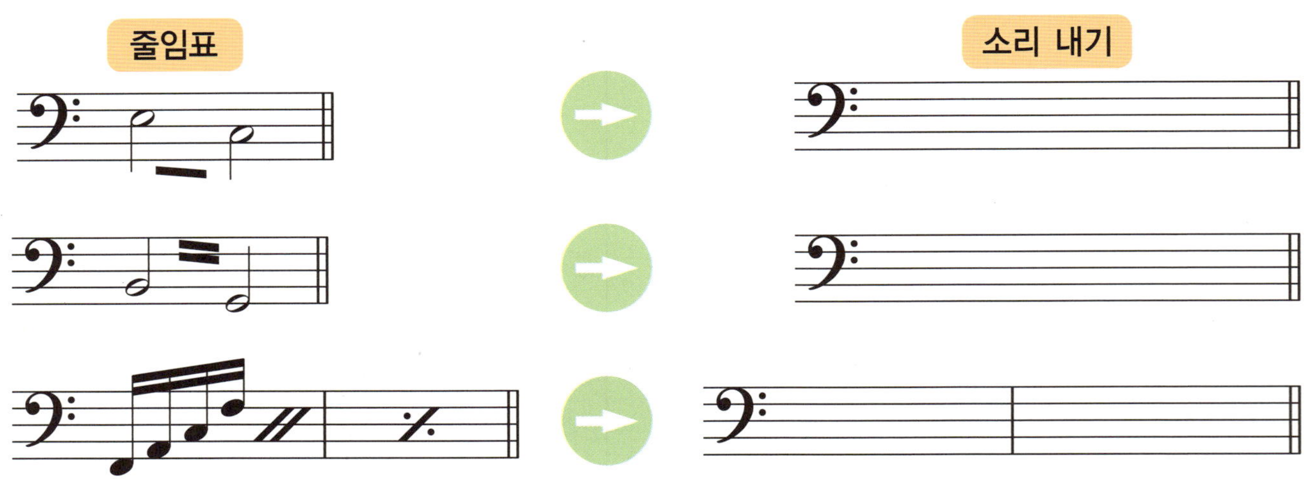

3. 꾸밈음의 소리 내기를 그려 보세요.

4. 음에 맞게 건반에 연결하세요.

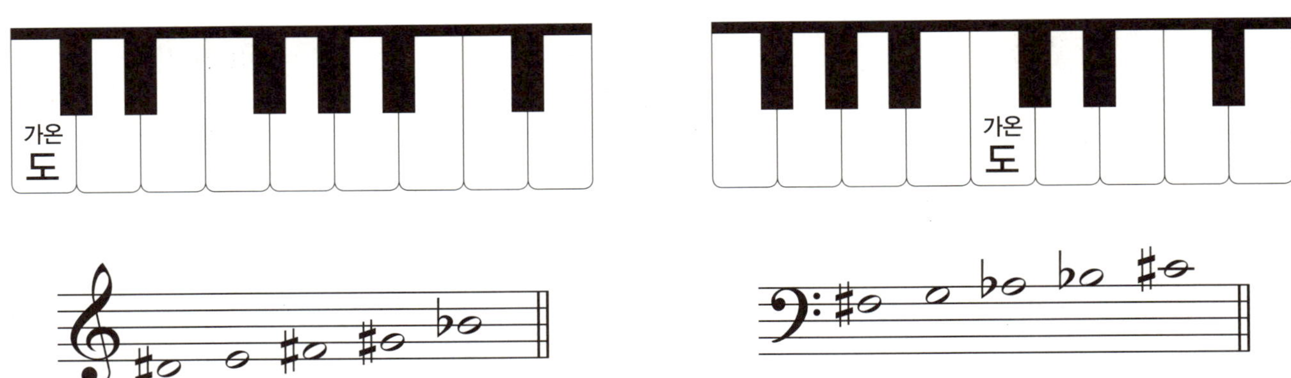

5. 변화표의 이름을 쓰고 맞는 것에 연결하세요.

6. 조표 ♯, ♭이 붙는 순서대로 계이름을 쓰세요.

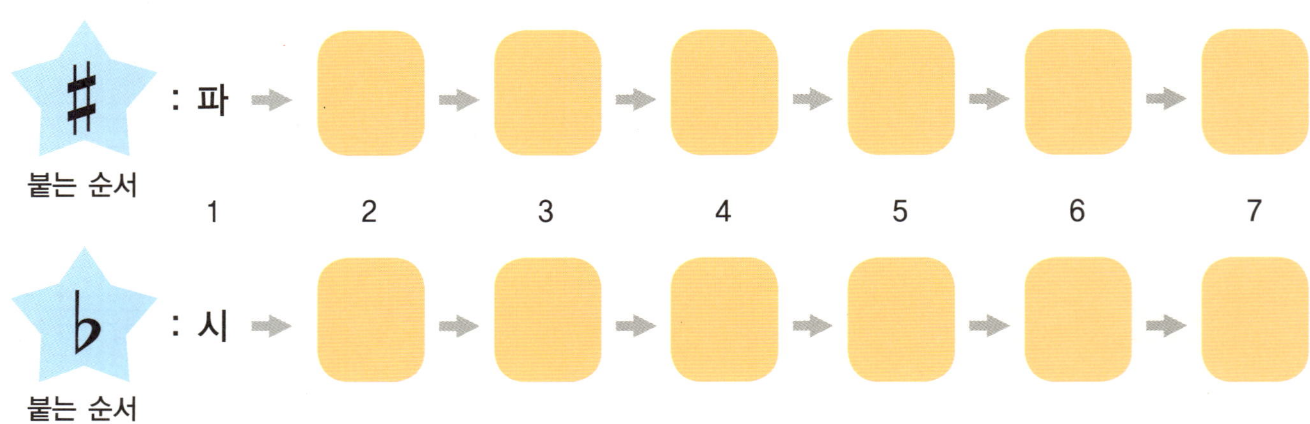

음계란? 어떤 음을 으뜸음으로 하여 일정한 음의 순서에 따라 배열한 것입니다.

 장음계

3~4음과 7~8음 사이가 반음이고 나머지는 온음으로 되어 있는 음계를 **'장음계'**라고 합니다.

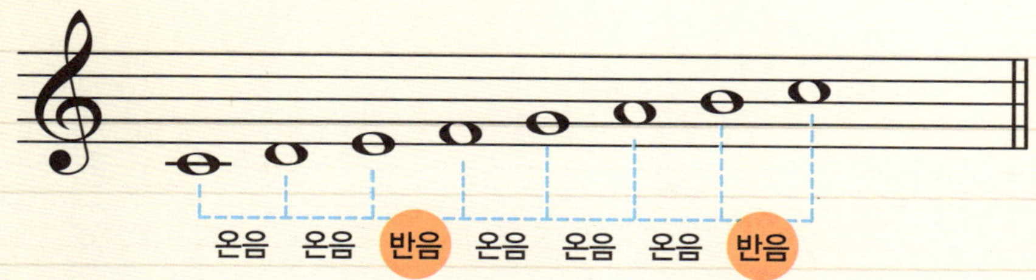

장음계는 8개의 음이 **'온-온-반-온-온-온-반'**의 순서로 이루어져 있습니다.

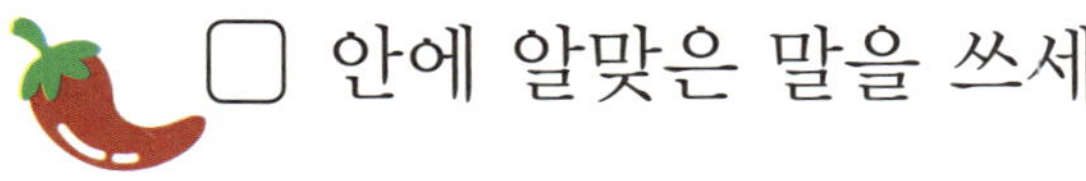 □ 안에 알맞은 말을 쓰세요.

💚 어떤 음을 으뜸음으로 하여 8개의 음을 높고 낮음에 따라 차례로 늘어 놓은 것을 □□ 라고 합니다.

💚 어떤 음을 으뜸음으로 하여 배열된 8개의 음에서 3~4음과 7~8음 사이가 반음이고, 나머지는 온음으로 되어 있는 음계를 □□□ 라고 합니다.

 두 음 사이가 '온음'인지 '반음'인지 쓰세요.

 다장조의 장음계를 보고 '온음'인지 '반음'인지 쓰세요.

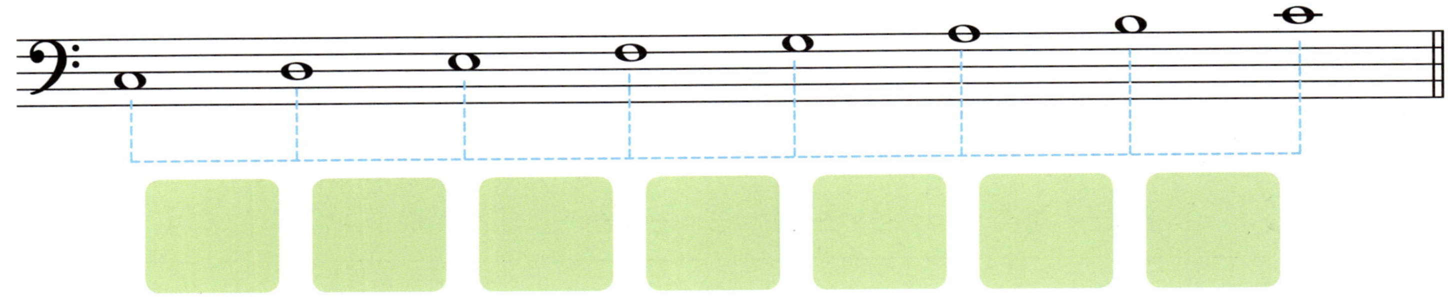

 다장조의 장음계에서 반음이 되는 곳에 ∧ 이렇게 표시해 보세요.

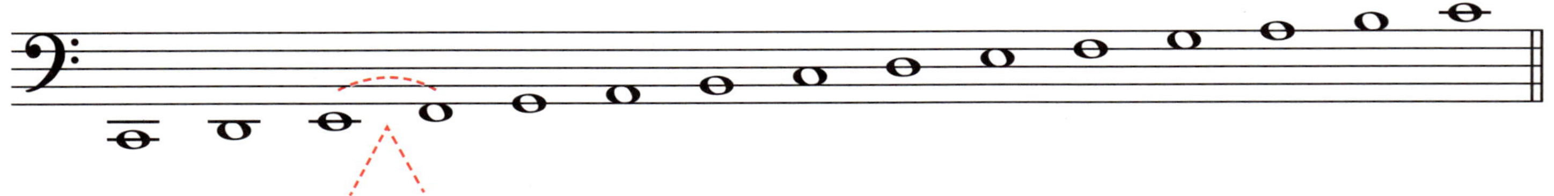

 단음계

어떤 음을 으뜸음으로 하여 8개의 음을 차례대로 배열한 음계를 말하며, 슬픈 느낌을 가지고 있습니다. 단음계의 종류에는 '**자연단음계, 화성단음계, 가락단음계**' 가 있습니다.

1) 자연단음계

2~3, 5~6음 사이가 반음이고 나머지는 온음으로 되어 있는 음계입니다.

2) 화성단음계

자연단음계의 7번째 음을 반음 올린 음계로 가장 많이 사용합니다.
2~3음과 5~6, 7~8음 사이가 반음입니다.

3) 가락단음계

올라갈 때는 자연단음계의 6~7음을 반음 올리고, 내려올 때는 자연단음계로 내려옵니다.

(가단조를 기준으로 한 것입니다.)

 가단조의 단음계를 보고 단음계의 종류를 쓰세요.

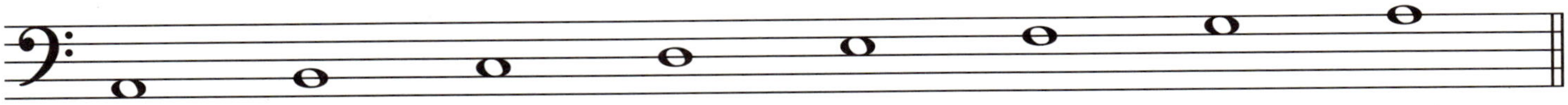

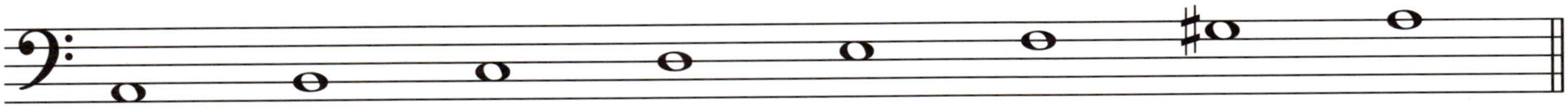

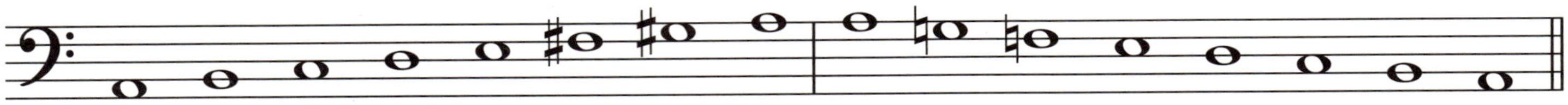

가단조의 단음계를 온음표로 그리고 반음을 ✔로 표시하세요.

자연단음계

화성단음계

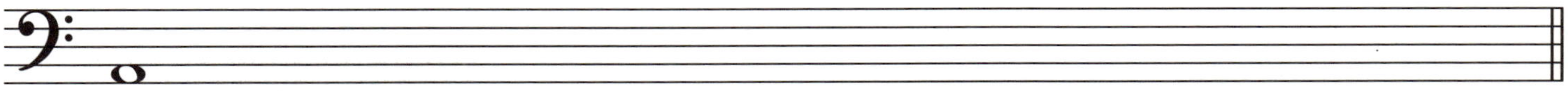

가락단음계

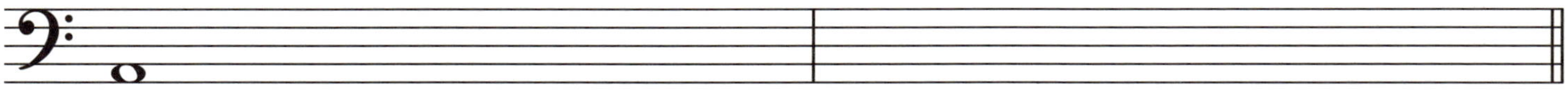

미로 찾기를 한 번 해 보아요!

 성악곡 형식 

◎ **오페라**
음악, 미술, 연극, 문학, 무용 등을 합친 종합예술이며 극 음악입니다.

◎ **민요**
작곡자나 작사자가 분명하지 않고 소박하며 민족 특유의 감정이 담겨진 노래를 말합니다.

◎ **모테트**
종교적인 내용을 가사로 하는 중세의 다성적인 중창을 말하며 아카펠라(무반주)를 원칙으로
합니다.

◎ **칸타타**
독창과 중창, 합창, 레치타티보, 아리아 등으로 구별되며 종교적인 내용의 '교회 칸타타'와
세속적인 내용의 '실내 칸타타'로 나뉩니다.

◎ **수난곡**
예수 또는 성서의 인물들이 수난을 당한 이야기를 음악적으로 표현한 것으로 전체적인 구성은
오라토리오와 같지만 수난의 내용은 다릅니다.

◎ **레퀴엠**
죽은 사람을 위한 미사곡을 말하며 형식은 미사와 같으나 '글로리아'와 '크레도'가 빠지는
대신 '레퀴엠', '최후의 심판 날' 등이 삽입됩니다.

◎ **오라토리오**
종교적인 내용에 의한 규모가 큰 서사적인 악곡으로 독창과 합창, 관현악을 수반하며 극적인
악곡이지만 오페라와 달리 의상을 갖추거나 연기를 하지는 않습니다.

◎ **미사곡**
그리스도의 죽음과 부활을 기념하는 의식용 음악으로 미사에는 '미사 통상문'과 '미사 고유문'
으로 나누어지며 '키리에, 글로리아, 크레도, 상투스, 야누스데이'를 통상문이라고 하고
그 나머지를 고유문이라고 합니다.

◎ **가곡**
단순한 시에 음악을 붙인 형식을 가곡이라고 하며, '유절가곡'과 '통절가곡'으로 나누어집니다.
'유절가곡'은 1절에 멜로디를 붙이고 2, 3절은 시의 내용과 관계없이 같은 멜로디로 반복되는
것을 말합니다. '통절가곡'은 시의 내용이나 기분에 맞추어 음악적 표현에 중점을 둔 것으로
가사의 내용에 따라 가락이 계속 변하는 것을 말하며, '예술가곡'이라고 합니다.

🎉 ☐ 안에 알맞은 말을 쓰세요.

💚 단순한 시에 음악을 붙인 형식을 ☐☐ 이라고 합니다.

💚 작곡자나 작사자가 분명하지 않고 소박하며 민족 특유의 감정이 담겨진 노래를
☐☐ 라고 합니다.

💚 종교적인 내용을 가사로 하는 중세의 다성적인 중창을 ☐☐☐ 라고 합니다.

💚 그리스도의 죽음과 부활을 기념하는 의식용 음악을 ☐☐☐ 이라고 합니다.

💚 죽은 사람을 위한 미사곡을 ☐☐☐ 이라고 합니다.

💚 음악, 미술, 연극, 문학, 무용 등을 합친 종합 예술을 ☐☐☐ 라고 합니다.

💚 예수 또는 성서의 인물들이 수난을 당한 이야기를 음악적으로 표현한 것으로,
전체적인 구성은 오라토리오와 같지만 수난의 내용만 다른 것을
☐☐☐ 라고 합니다.

🎉 맞는 것에 연결하세요.

가 곡 ●	● 음악, 미술, 연극, 문학, 무용 등을 합친 종합 예술
민 요 ●	● 죽은 사람을 위한 미사곡
모테트 ●	● 종교적인 내용에 의한 규모가 큰 서사적 악곡
오라토리오 ●	● 종교적인 내용을 가사로 하는 중세의 다성적인 중창
레퀴엠 ●	● 작곡자나 작사자가 분명하지 않고 민족 특유의 감정이 담겨진 노래
오페라 ●	● 단순한 시에 음악을 붙인 형식
칸타타 ●	● 독창과 중창, 합창, 레치타티보, 아리아 등으로 구별되는 종교적 내용의 곡

기악의 연주 형태

 **독주**

한 사람이 첼로나 바이올린, 피아노 등을 연주하는 것으로 흔히 피아노나 관현악 반주로 연주됩니다.

 **중주**

두 사람 이상이 각각 다른 악기로 연주하는 것을 말하며, '실내악'이라고도 합니다.

① **2중주** : 바이올린 + 피아노, 첼로 + 피아노, 클라리넷 + 피아노

② **3중주** : 피아노 3중주 : 바이올린 + 첼로 + 피아노
현 악 3중주 : 바이올린 + 비올라 + 첼로
플루트 3중주 : 플루트 + 바이올린 + 첼로

③ **4중주** : 피아노 4중주 : 바이올린 + 비올라 + 첼로 + 피아노
현 악 4중주 : 제1바이올린 + 제2바이올린 + 비올라 + 첼로

④ **5중주** : 피아노 5중주 : 제1바이올린 + 제2바이올린 + 비올라 + 첼로 + 피아노
현 악 5중주 : 제1바이올린 + 제2바이올린 + 비올라 + 첼로 + 콘트라베이스
목 관 5중주 : 플루트 + 오보에 + 클라리넷 + 파곳 + 호른

 **합주**

여러 사람이 여러 악기로 연주하는 것을 말합니다.

① **현악 합주(String Orchestra-스트링 오케스트라)**
현악기에 의한 합주 형태로 표준 편성은 '제1바이올린, 제2바이올린, 비올라, 첼로, 더블베이스'입니다.

② **관악 합주(Wind Orchestra-윈드 오케스트라)**
관악기만으로 연주되는 것을 말하며 여기에 타악기가 편성될 때 취주악(Brass Ensemble-브라스 앙상블)이라고 합니다.

③ **관현악 합주(Orchestra-오케스트라)**
현악기, 관악기, 타악기의 합주를 말하는데 가장 큰 규모의 연주 형태입니다.

④ **취주악(Brass Ensemble-브라스 앙상블)**
관악기와 타악기로 구성된 합주 형태

⭐ ☐ 안에 알맞은 말을 쓰세요.

💚 한 사람이 바이올린이나 피아노 등으로 연주하는 것을 ☐☐ 라고 합니다.

💚 여러 사람이 여러 악기로 연주하는 것을 ☐☐ 라고 합니다.

💚 두 사람 이상이 각각 다른 악기로 연주하는 것을 ☐☐ 라고 하며, 실내악이라고도 합니다.

⭐ 맞는 것에 연결하세요.

피아노 3중주 •   • 제1바이올린 + 제2바이올린 + 비올라 + 첼로

현 악 3중주 •   • 플루트 + 오보에 + 클라리넷 + 파곳 + 호른

현 악 4중주 •   • 바이올린 + 첼로 + 피아노

목 관 5중주 •   • 제1바이올린 + 제2바이올린 + 비올라 + 첼로 + 피아노

피아노 5중주 •   • 바이올린 + 비올라 + 첼로

피아노 4중주 •   • 바이올린 + 비올라 + 첼로 + 피아노

2중주(듀오) •   • 첼로 + 첼로

⭐ ☐ 안에 알맞은 말을 쓰세요.

💚 피아노 3중주 ➡ ☐ , ☐ , ☐

💚 현 악 3중주 ➡ ☐ , ☐ , ☐

💚 피아노 4중주 ➡ ☐ , ☐ , ☐ , ☐

기악곡의 형식

◎ **서곡**
오페라나 오라토리오, 발레의 막이 오르기 전에 처음으로 연주하는 음악으로, 줄거리나 분위기를
암시합니다.

◎ **녹턴**
속도가 느린, 꿈을 꾸는듯한 우아한 느낌의 곡으로 쇼팽에 의해 예술성이 높은 작품으로
승화되었습니다.

◎ **무언가**
멘델스존이 가곡 풍의 피아노곡에 처음 사용하기 시작했으며, 가사가 붙지 않는 노래를 말합니다.

◎ **즉흥곡**
작곡자의 머릿속에 떠오른 악상을 자유롭게 즉흥적인 요소를 넣어 만든 것으로 슈베르트,
쇼팽의 작품이 대표적입니다.

◎ **스케르초**
베토벤이 소나타 교향곡 등의 제 3악장 미뉴에트 대신 채용한 것으로, 3박자의 경쾌한 악곡을
말합니다.

◎ **연습곡**
연주 기교를 익히기 위한 목적으로 작곡된 곡을 말하며, 19세기에 낭만파 작곡가들이 단순한
연습곡 이상의 예술 작품으로 승화시켰습니다.

◎ **랩소디**
서사적이며 영웅적인 색채를 지닌 자유로운 형식의 곡으로, 리스트의 '헝가리 랩소디'가
대표적입니다.

◎ **세레나데**
애정이나 존경의 뜻을 품은 사람에게 저녁에 바치는 음악으로 단순하고 열정적이며, 감각적인 선
율을 포함하고 있습니다.

◎ **환상곡**
정해진 형식 없이 자유롭게 환상적인 악상을 펼쳐나가는 곡입니다.

◎ **전주곡**
종교적이거나 세속적인 음악에서 처음 부분의 도입 역할을 하는 악곡을 말합니다.

🌶 ☐ 안에 알맞은 말을 쓰세요.

💚 오페라나 오라토리오, 발레의 막이 오르기 전에 처음으로 연주하는 음악을 ☐☐ 이라고 합니다.

💚 멘델스존이 가곡 풍의 피아노곡에 처음 사용하기 시작했으며, 가사가 붙지 않는 노래를 ☐☐☐ 라고 합니다.

💚 작곡자의 머릿속에 떠오른 악상을 자유롭게 즉흥적인 요소를 넣어 자유로운 형식을 ☐☐☐ 이라고 합니다.

💚 속도가 느린, 꿈을 꾸는듯한 우아한 느낌의 곡을 ☐☐ 이라고 합니다.

💚 정해진 형식 없이 자유롭게 환상적인 악상을 펼쳐나가는 곡을 ☐☐☐ 이라고 합니다.

💚 애정이나 존경의 뜻을 품은 사람에게 저녁에 바치는 음악을 ☐☐☐☐ 라고 합니다.

🌶 맞는 것에 연결하세요.

연습곡 •	• 연주 기교를 익히기 위한 목적으로 작곡된 곡
즉흥곡 •	• 서사적이며 영웅적인 색채를 지닌 자유로운 형식의 곡
랩소디 •	• 작곡자의 머릿속에 떠오른 악상을 자유롭게 즉흥적인 요소를 넣어 자유로운 형식으로 만든 것
환상곡 •	• 오페라나 오라토리오, 발레의 막이 오르기 전에 처음으로 연주하는 음악
전주곡 •	• 베토벤이 소나타 교향곡 등의 제 3악장 미뉴에트 대신 채용한 것
서 곡 •	• 정해진 형식 없이 자유롭게 환상적인 악상을 펼쳐나가는 곡
스케르초 •	• 종교적이거나 세속적인 음악에서 처음 부분의 도입 역할을 하는 악곡

복습 2

1. ♥ 어떤 음을 으뜸음으로 하여 일정한 음을 배열한 것을 ☐☐ 라고 합니다.

♥ 음계의 3~4 음과 7~8음 사이가 반음이고 나머지는 온음으로 되어 있는 음계를 ☐☐☐ 라고 합니다.

2. 단음계의 종류입니다. 맞는 것에 연결하세요.

가락단음계 •   • 2~3음과 5~6음 사이가 반음이고, 나머지는 온음으로 되어 있는 음계

화성단음계 •   • 올라갈 때는 6, 7음을 반음 올리고, 내려올 때는 자연단음계로 내려옵니다.

자연단음계 •   • 자연단음계의 7번째 음이 반음 올라간 음계로, 2~3음과 7~8음 사이가 반음입니다.

3. 성악곡의 형식입니다. 맞는 것에 연결하세요.

오페라 •   • 단순한 시에 음악을 붙인 형식

레퀴엠 •   • 음악, 미술, 연극, 문학, 무용 등을 합친 종합 예술

오라토리오 •   • 종교적인 내용을 가사로 하는 중세의 다성적인 중창

모테트 •   • 종교적인 내용에 의한 규모가 큰 서사적 악곡

가 곡 •   • 그리스도의 죽음과 부활을 기념하는 의식용

미사곡 •   • 죽은 사람을 위한 미사곡

4. ♥ 한 사람이 첼로나 바이올린 등으로 연주하는 것을 ☐☐ 라고 합니다.

   ♥ 두 사람 이상이 각각 다른 악기를 연주하는 것을 ☐☐ 라고 합니다.

   ♥ 여러 사람이 여러 악기로 연주하는 것을 ☐☐ 라고 합니다.

5. 맞는 것에 연결하세요.

2중주 ●	● 바이올린 + 첼로 + 피아노
3중주 ●	● 클라리넷 + 피아노
4중주 ●	● 플루트 + 오보에 + 클라리넷 + 파곳 + 호른
5중주 ●	● 바이올린 + 비올라 + 첼로 + 피아노

6. 맞는 것에 연결하세요.

스케르초 ●	● 서사적이며 영웅적 색채를 지닌 자유로운 형식의 곡
서 곡 ●	● 연주 기교를 익히기 위한 목적으로 작곡 된 곡
전주곡 ●	● 정해진 형식 없이 자유롭게 환상적인 악상을 펼쳐 나가는 곡
환상곡 ●	● 베토벤이 소나타나 교향곡 등의 제 3악장에 미뉴에트 대신 채용한 곡
랩소디 ●	● 오페라나 오라토리오, 발레의 막이 오르기 전에 처음으로 연주하는 음악
즉흥곡 ●	● 작곡자의 머릿속에 떠오른 악상을 자유롭게 즉흥적인 요소를 넣어 만든 것
연습곡 ●	● 종교적이거나 세속적인 음악에서 처음 부분의 도입 역할을 하는 악곡

마무리 테스트

1. 줄임표가 맞는 것에 연결하세요.

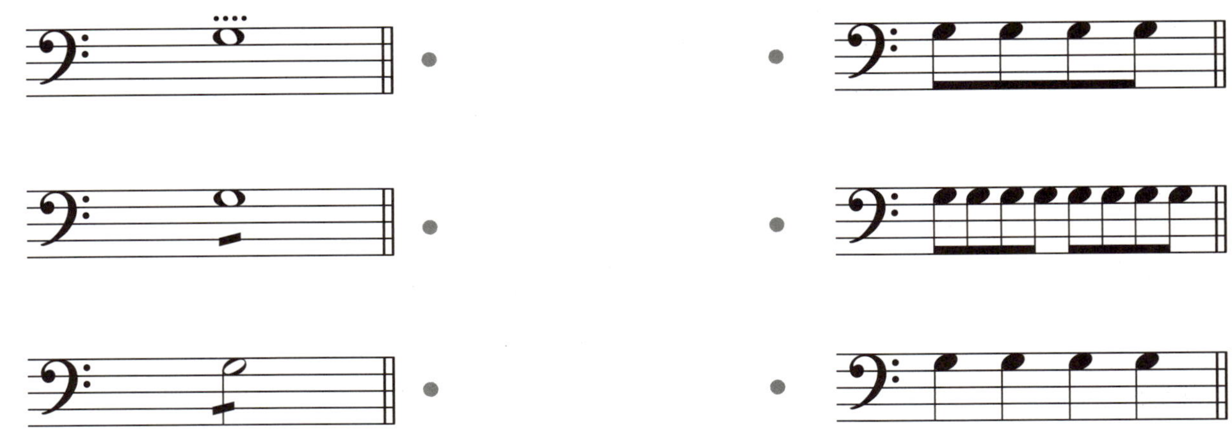

2. 줄임표의 소리 내기를 그리세요.

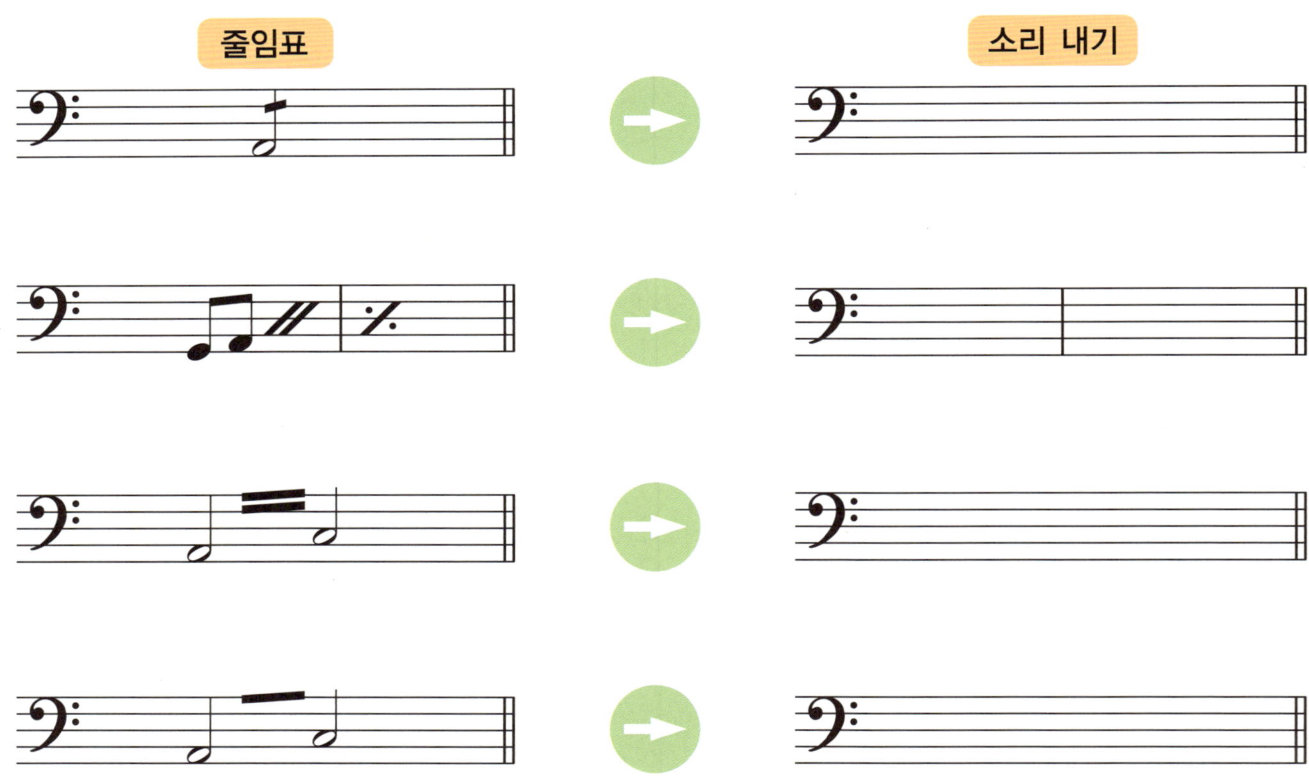

3. 꾸밈음의 소리 내기가 맞는 것에 연결하세요.

꾸밈음

소리 내기

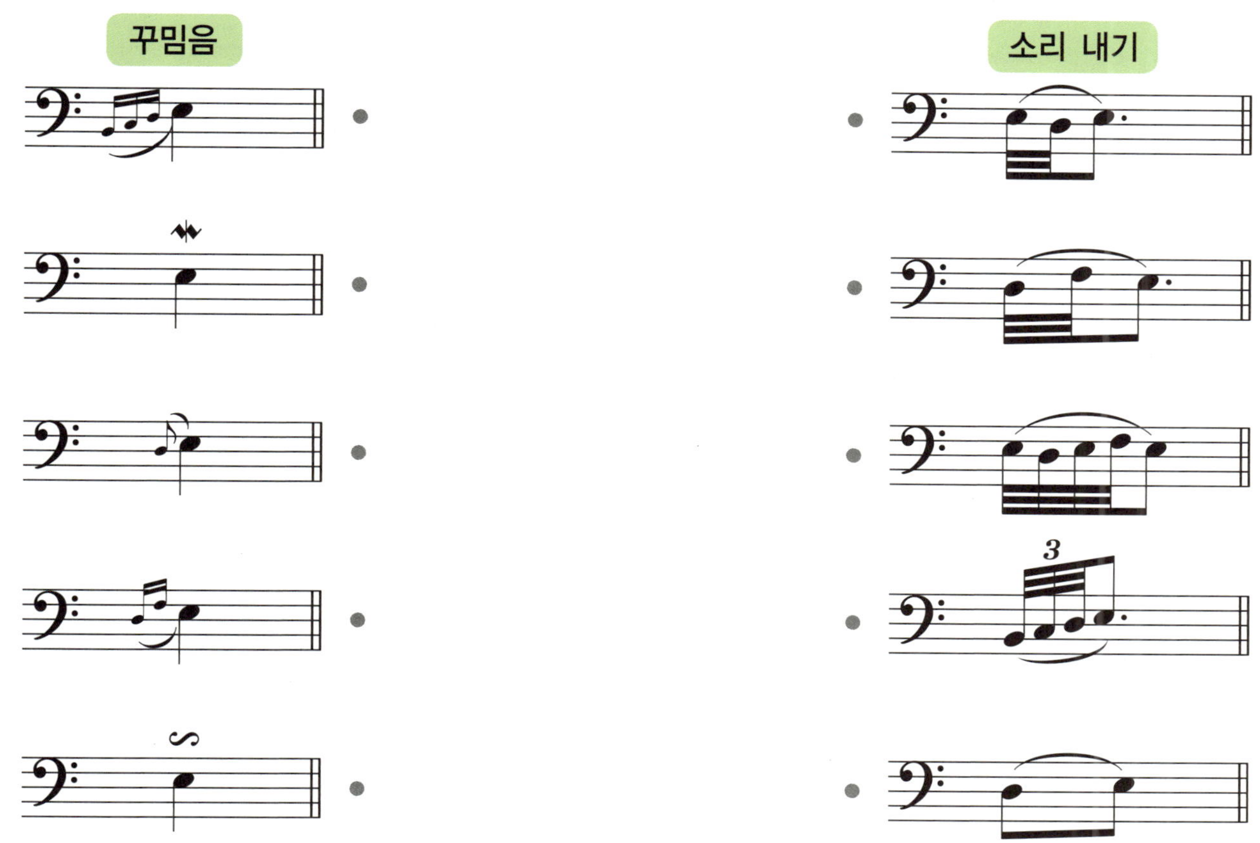

4. 꾸밈음의 이름을 쓰세요.

5. 음에 맞는 건반을 연결하세요.

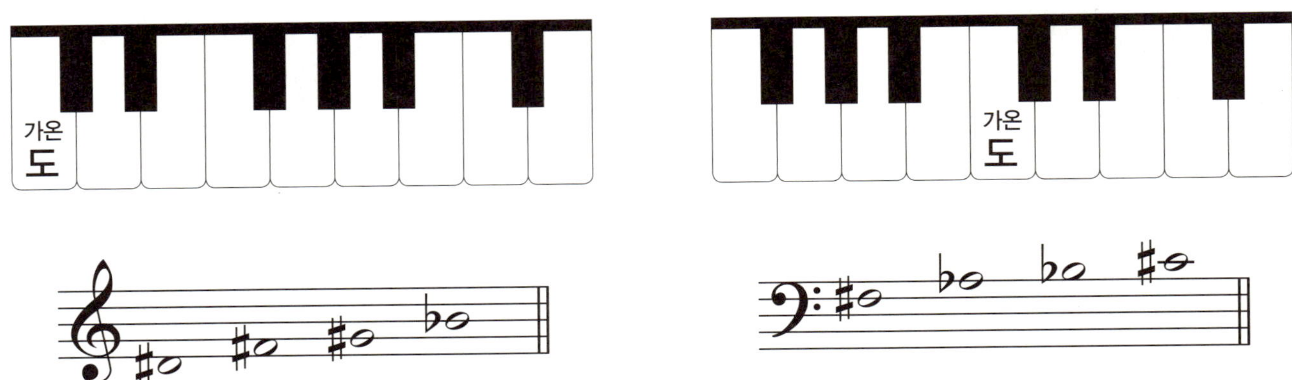

6. 변화표의 이름을 쓰고 맞는 것에 연결하세요.

7. 제시된 계이름에 맞게 온음표와 변화표로 그리세요.

8. 조표에 ♯가 늘어날 때 오른쪽으로 하나씩 붙는 순서대로 계이름을 쓰고,
아래 보표에 ♯를 그려 넣으세요.

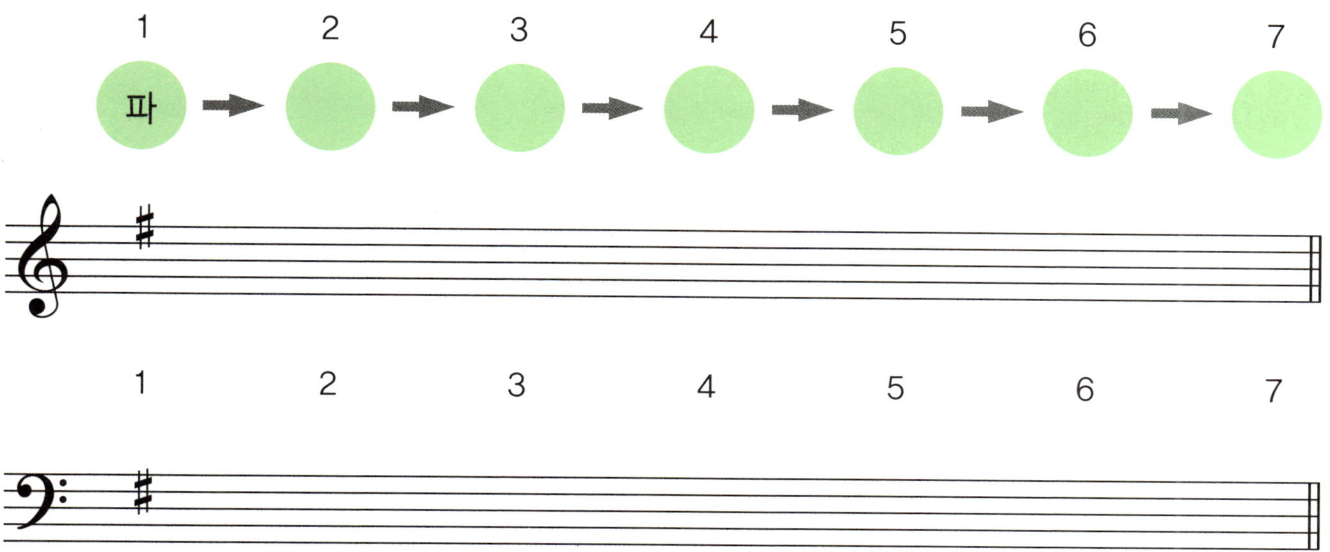

9. 주어진 개 수에 맞는 ♯를 순서대로 그려 넣으세요.

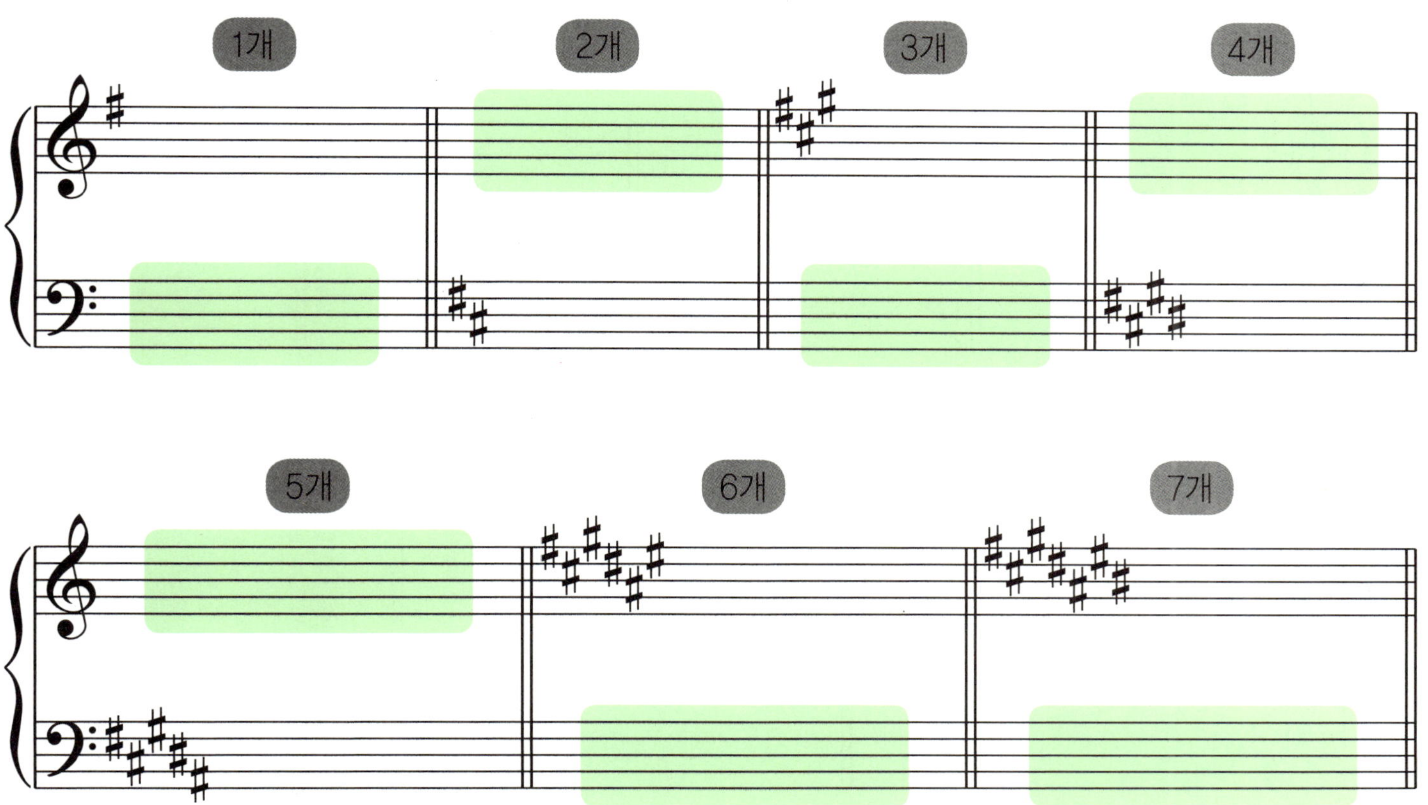

10. 조표에 ♭이 늘어날 때 오른쪽으로 하나씩 붙는 순서대로 계이름을 쓰고,
아래 보표에 ♭을 그려 넣으세요.

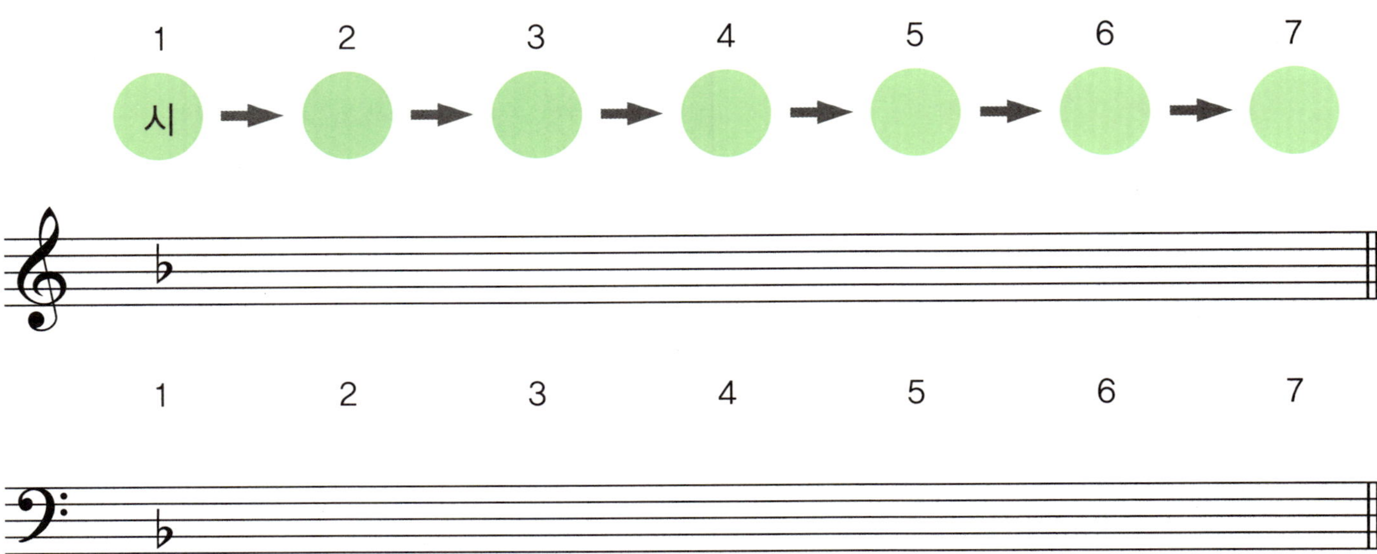

11. 주어진 개 수에 맞는 ♭을 순서대로 그려 넣으세요.

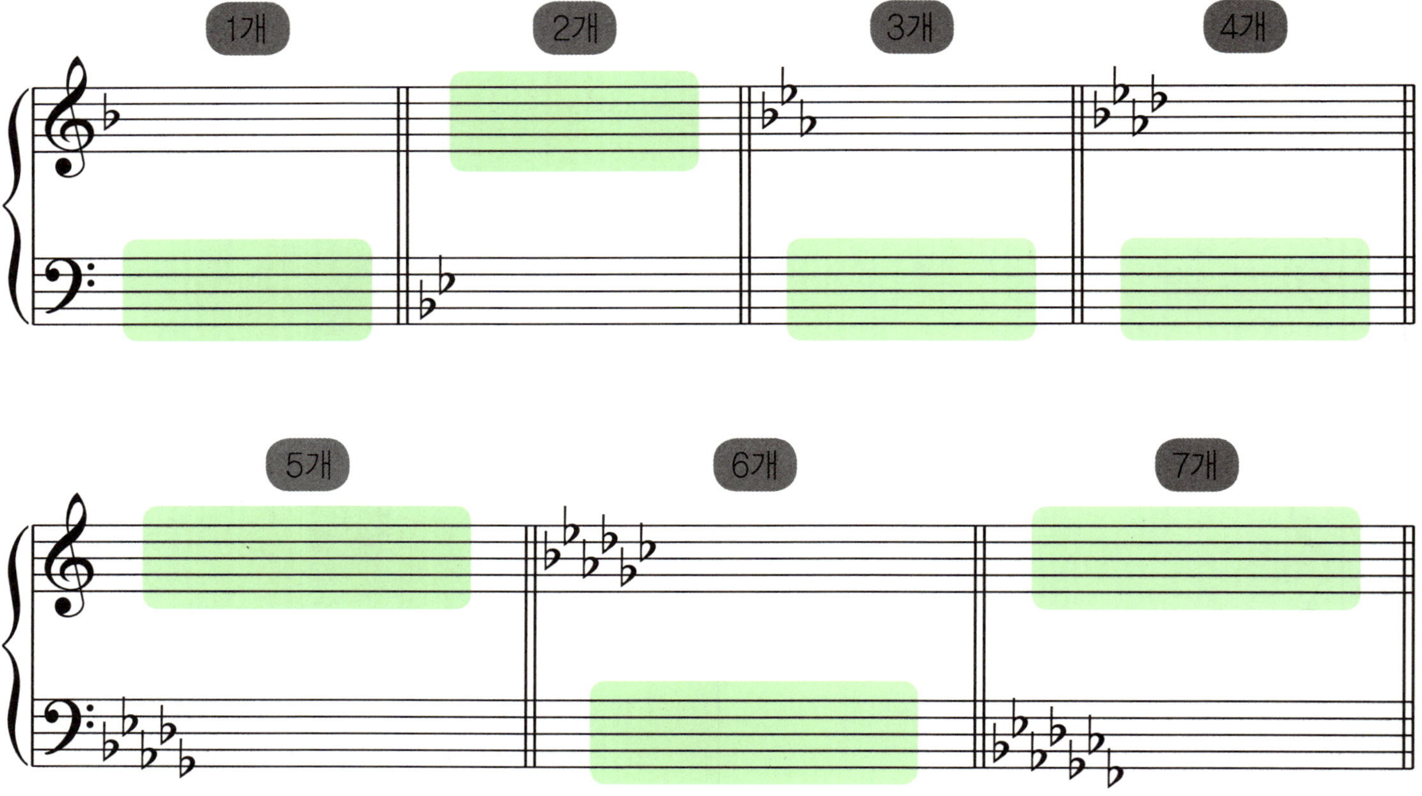

12. 다장조의 장음계를 보고 반음(∨)을 표시 하세요.

13. 두 음 사이가 '온음'인지 '반음'인지 쓰세요.

14. 다장조의 장음계를 보고 온음인지 반음인지 쓰세요.

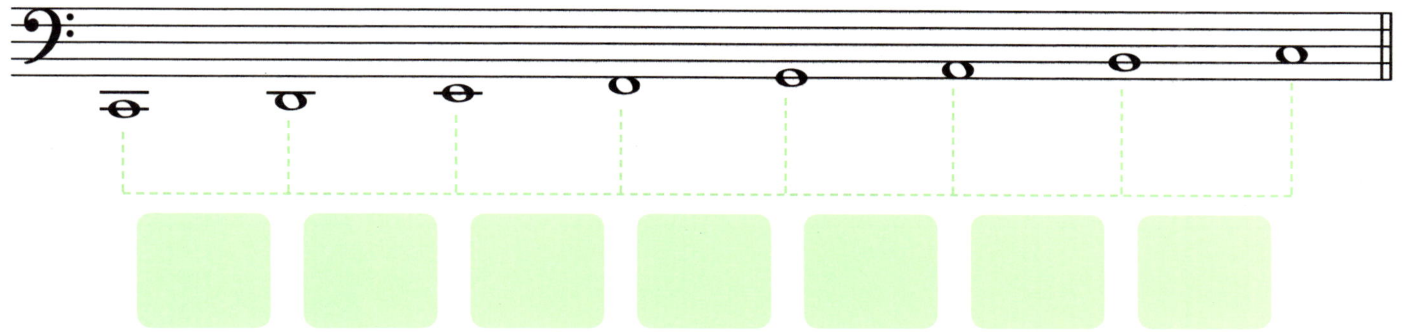

15. 단음계의 종류입니다. 맞는 것에 연결하세요.

- 자연단음계
- 가락단음계
- 화성단음계

16. 가단조의 단음계를 보고 단음계의 종류를 쓰세요.

17. 맞는 것에 연결하세요.

오페라 •　　　　　• 단순한 시에 음악을 붙인 형식

레퀴엠 •　　　　　• 음악, 미술, 연극, 문학, 무용 등을 합친 종합 예술

오라토리오 •　　　　• 종교적인 내용을 가사로 하는 중세의 다성적인 중창

모테트 •　　　　　• 종교적인 내용에 의한 규모가 큰 서사적 악곡

가 곡 •　　　　　• 독창과 중창, 합창, 레치타티보, 아리아 등으로 구별되는
　　　　　　　　　　종교적 내용의 곡

칸타타 •　　　　　• 죽은 사람을 위한 미사곡

민 요 •　　　　　• 작곡자나 작사자가 분명하지 않고 민족 특유의 감정이
　　　　　　　　　　담겨진 노래

18. ☐ 안에 알맞은 말을 쓰세요.

💚 한 사람이 첼로나 바이올린 등으로 연주하는 것을 ☐☐ 라고 합니다.

💚 여러 사람이 여러 악기로 연주하는 것을 ☐☐ 라고 합니다.

💚 두 사람 이상이 각각 다른 악기를 연주하는 것을 ☐☐ 라고 합니다.

19. 맞는 것에 연결하세요.

2중주 •	• 바이올린 + 비올라 + 첼로 + 피아노
피아노 4중주 •	• 바이올린 + 비올라 + 첼로
피아노 5중주 •	• 첼로 + 첼로
목 관 5중주 •	• 제1바이올린 + 제2바이올린 + 비올라 + 첼로 + 피아노
현 악 4중주 •	• 바이올린 + 첼로 + 피아노
현 악 3중주 •	• 플루트 + 오보에 + 클라리넷 + 파곳 + 호른
피아노 3중주 •	• 제1바이올린 + 제2바이올린 + 비올라 + 첼로

20. 맞는 것에 연결하세요.

스케르초 •	• 서사적이며 영웅적 색채를 지닌 자유로운 형식의 곡
서 곡 •	• 연주 기교를 익히기 위한 목적으로 작곡 된 곡
전 주 곡 •	• 정해진 형식 없이 자유롭게 환상적인 악상을 펼쳐 나가는 곡
환 상 곡 •	• 베토벤이 소나타나 교향곡 등의 제 3악장에 미뉴에트 대신 채용한 곡
랩 소 디 •	• 오페라나 오라토리오, 발레의 막이 오르기 전에 처음으로 연주하는 음악
즉 흥 곡 •	• 작곡자의 머릿속에 떠오른 악상을 자유롭게 즉흥적인 요소를 넣어 만든 것
연 습 곡 •	• 종교적이거나 세속적인 음악에서 처음 부분의 도입 역할을 하는 악곡

1) 솔(G) 현 짚는 연습

1.

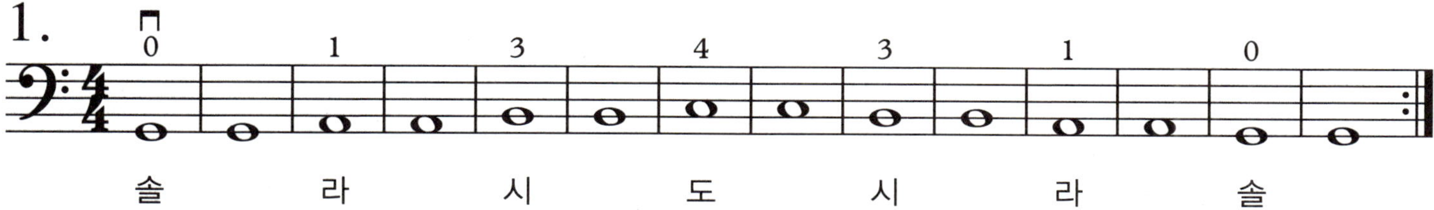

2.

3.

4.

5.

6.

7.

★ 악기 연습과 계이름을 쓰세요.

2) 도(C) 현 짚는 연습

1.

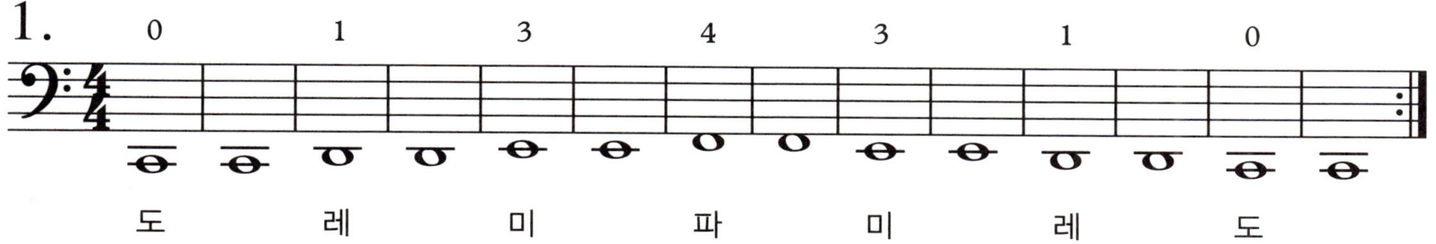

2.

3.

4.

5.

6.

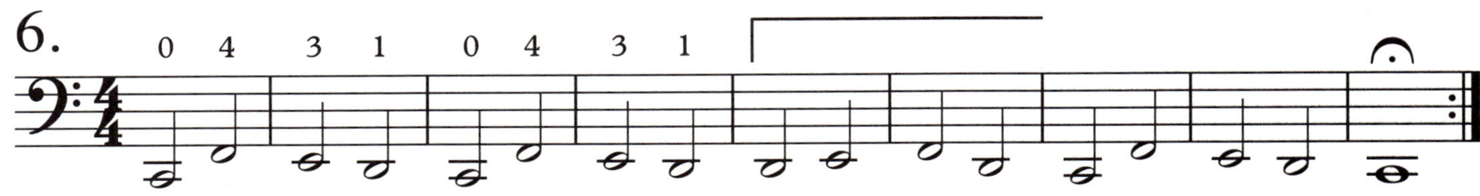

★ 악기 연습과 계이름을 쓰세요.

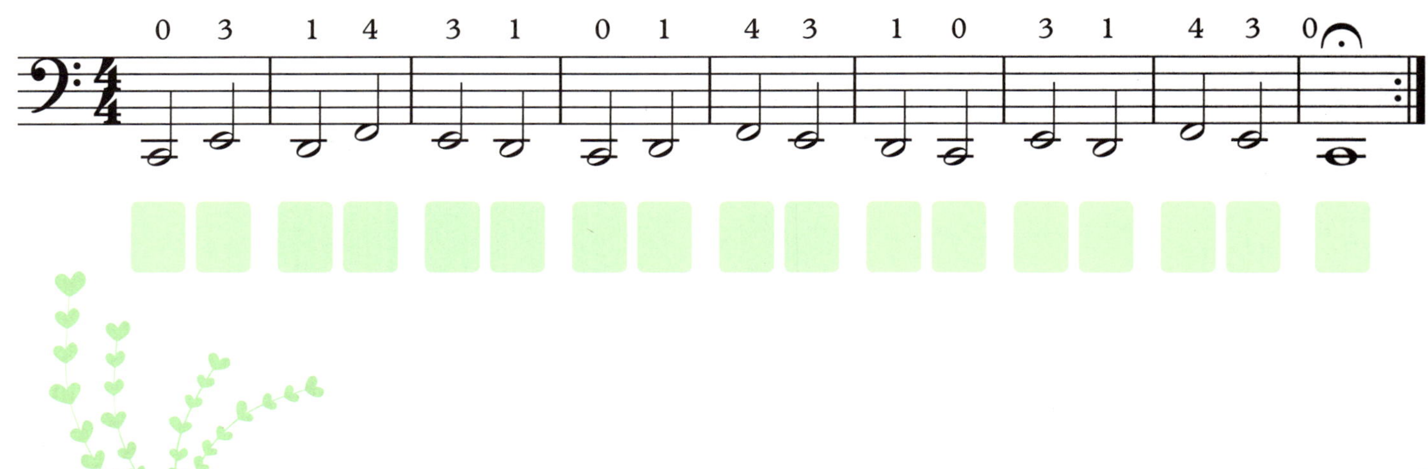

3) 4번 줄과 3번 줄.... 도(C), 레(D) 현 연습

★ 계이름으로 노래하면서 악기 연습을 하세요.

1.

2.

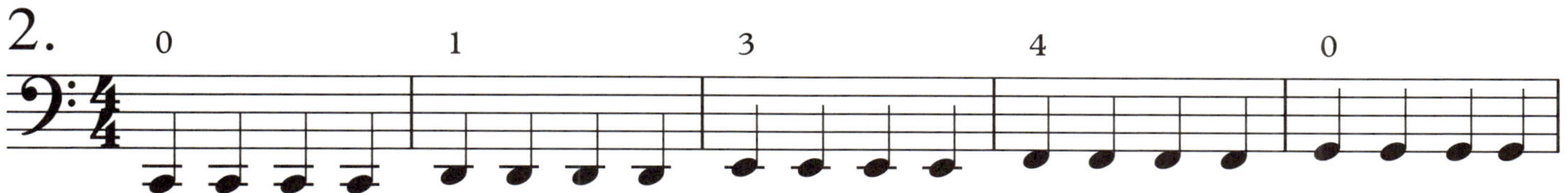

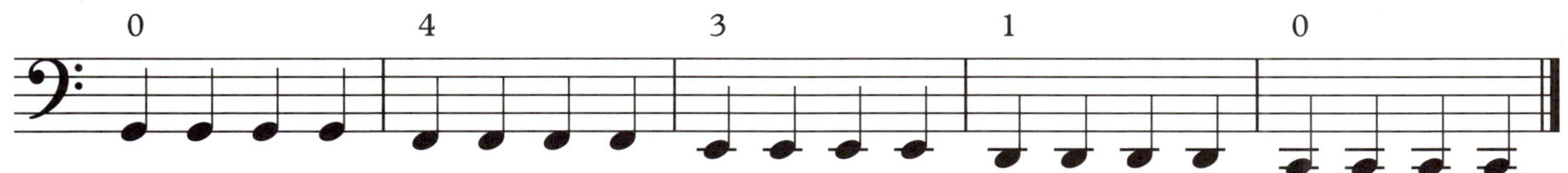

3.

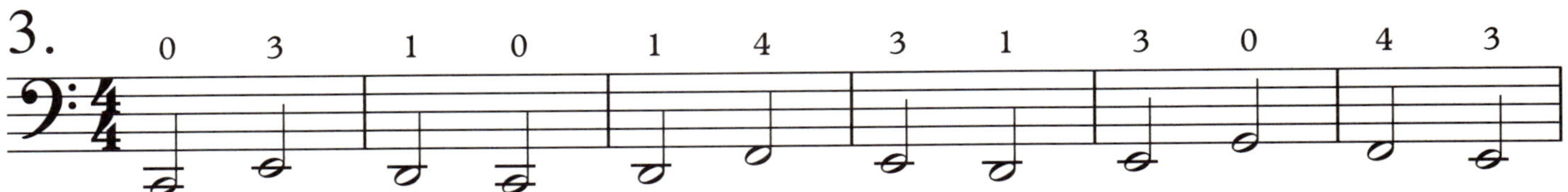

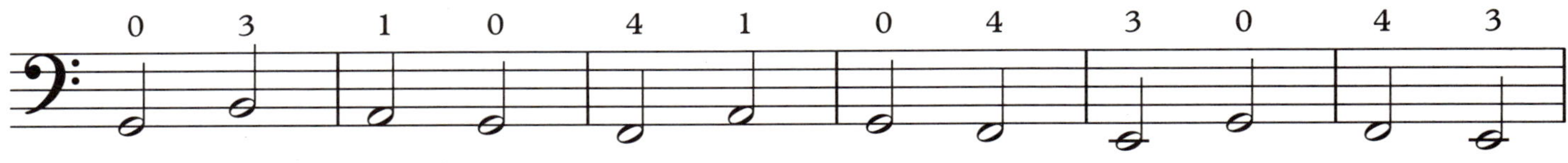

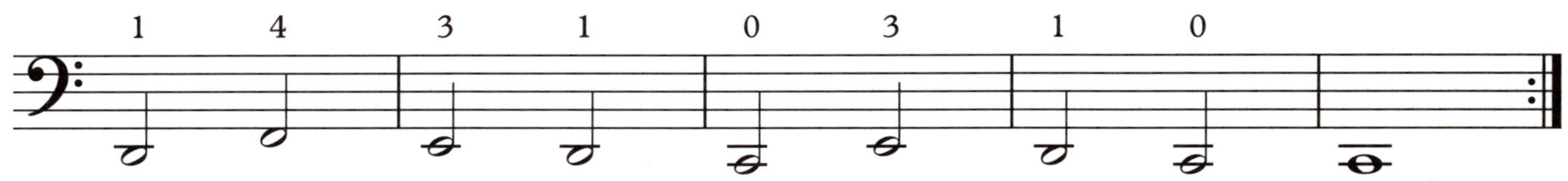

음자리 줄바꿈 연습

1.

2.

3.

4.

46

다(c)장조 음계

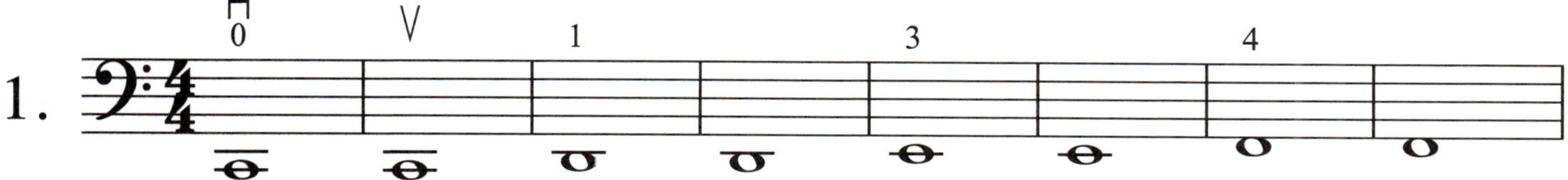

1.

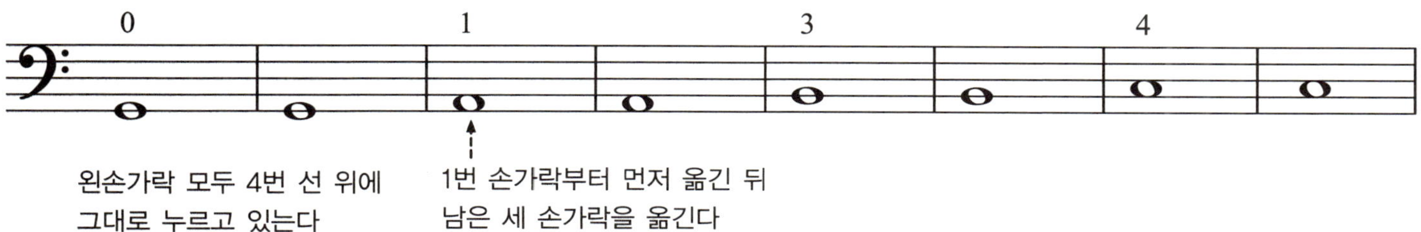

왼손가락 모두 4번 선 위에
그대로 누르고 있는다

1번 손가락부터 먼저 옮긴 뒤
남은 세 손가락을 옮긴다

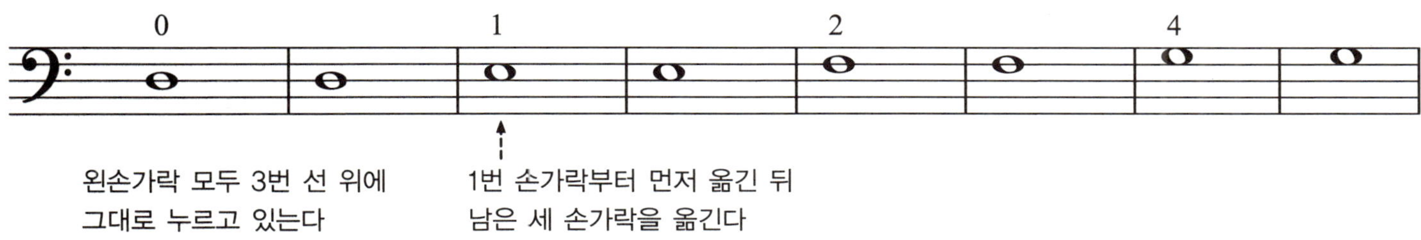

왼손가락 모두 3번 선 위에
그대로 누르고 있는다

1번 손가락부터 먼저 옮긴 뒤
남은 세 손가락을 옮긴다

왼손가락 모두 2번 선 위에 그대로 두고, 1번 손가락부터 먼저 옮긴 뒤 남은 세 손가락을 옮긴다

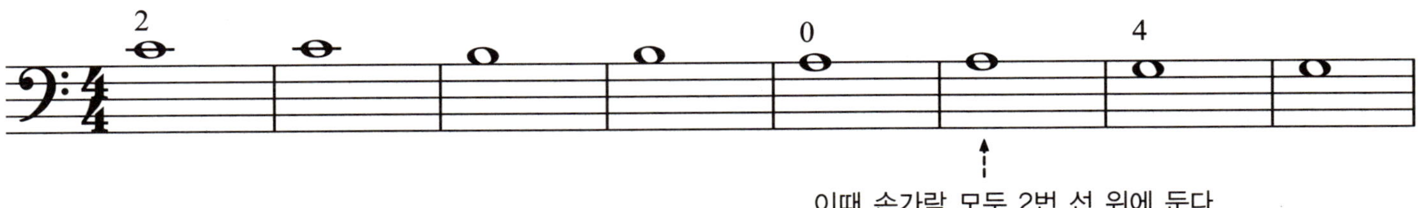

2
0
4
이때 손가락 모두 2번 선 위에 둔다

2
1
4
이때 손가락 모두 3번 선 위에 둔다

3
1
0
4
이때 손가락 모두 4번 선 위에 둔다

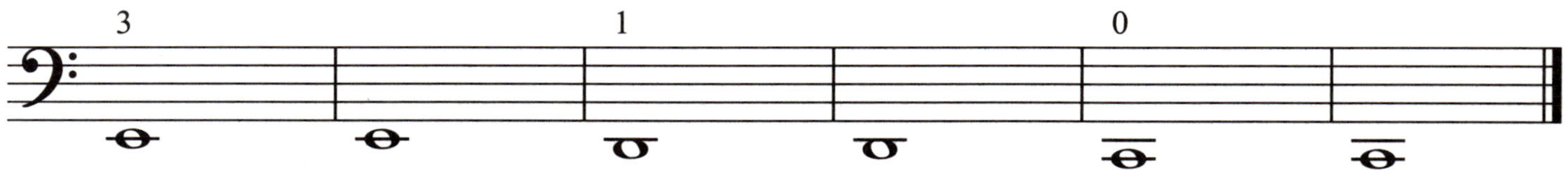

3
1
0

2.

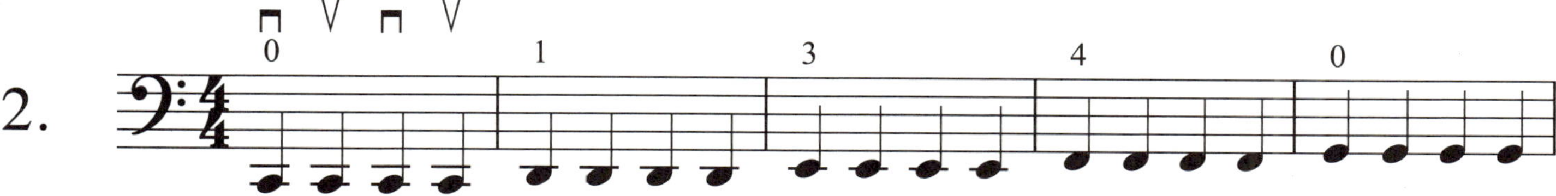

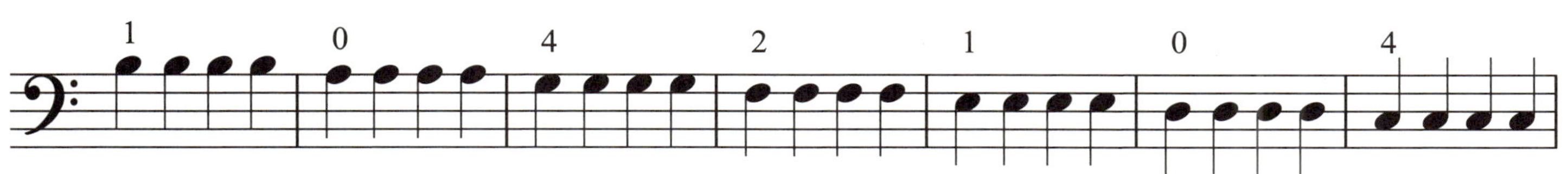

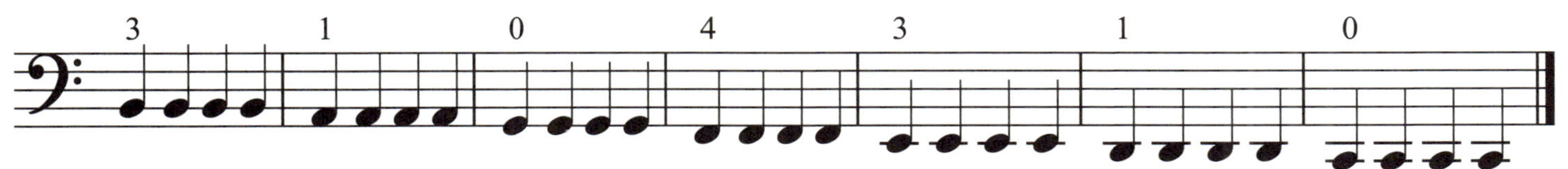

1) 2분음표

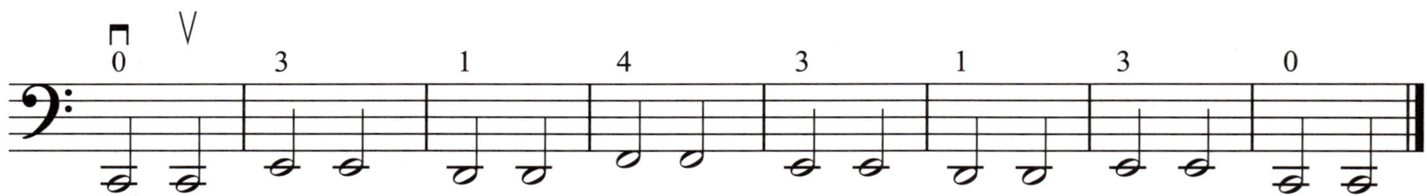

2) 4분음표

★ 독일 민요

3) 8분음표

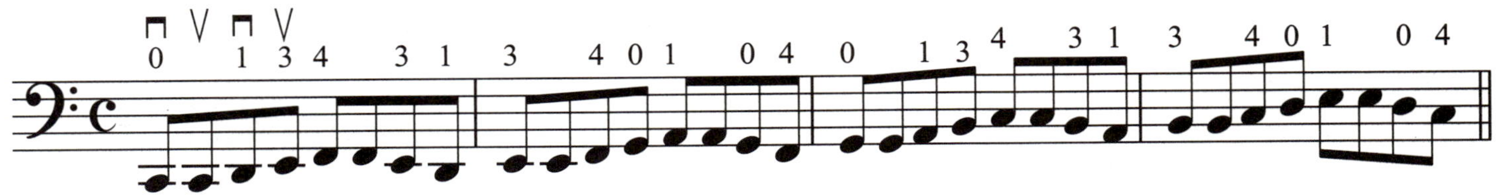

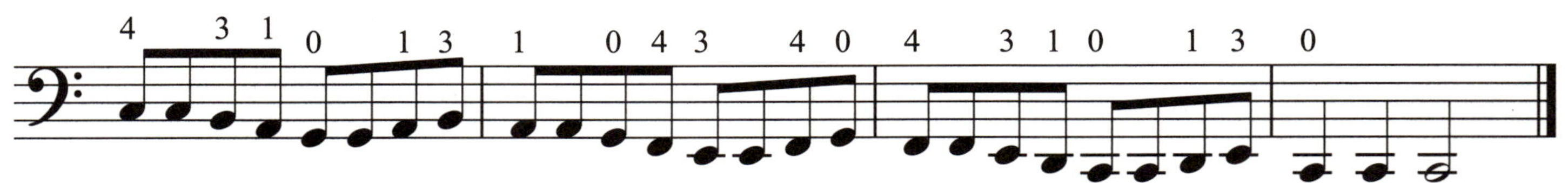

4) 16분음표

악기 매일 연습

 모든 일을 할 때는 준비가 필요합니다. 악기를 연주, 연습함에 있어서도 마찬가지입니다. 고도의 테크닉 습득을 위해서도 아래와 같은 연습은 필수적입니다.

활 연습은 많은 시간을 필요로 하므로 매일 습관적으로 연습하여 활의 올바른 사용을 자기 자신의 것으로 만들어야 합니다.

그 다음 단계로 음계(scale) 연습에 들어갑시다. 음계 연습에 있어서는 음정을 정확하게 듣는 것은 물론 박자, 운지, 자세 등의 확인도 필요합니다.

1) 온 활 연습

위에서 언급했던 사항들을 연습과 함께 다시 한 번 확인해 봅시다.

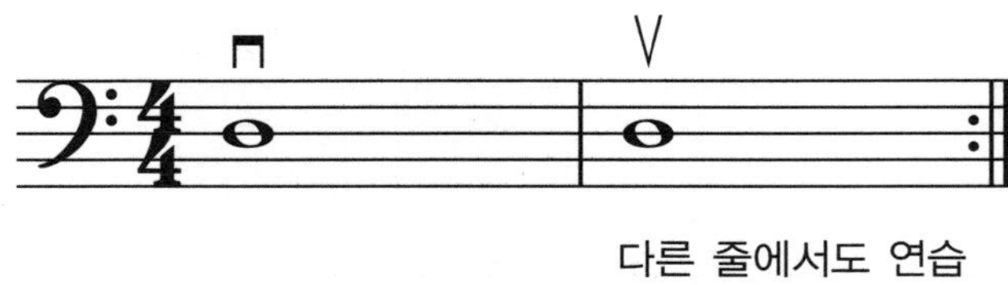

- 먼저 **활을 정확하게 잡고** 있는지, 그리고 활이 **처음 시작한 자리**에서만 움직이며 **줄 위는 직각**이 되는지 확인해 봅시다. 또 당분간 활 길이의 $\frac{9}{10}$만 사용합시다.

2) 줄 바꿈의 팔굽 운동

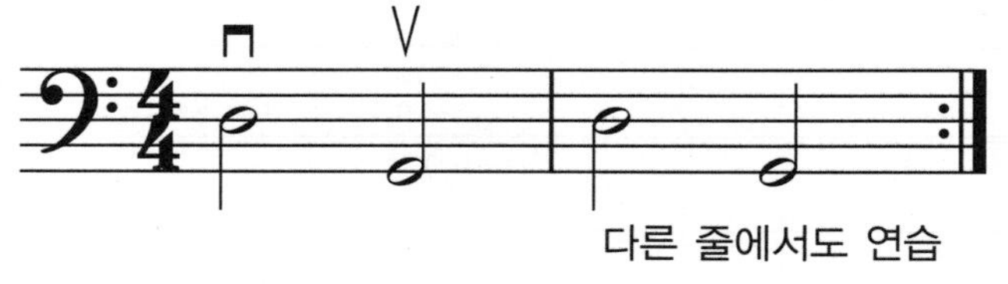

- 올바른 자세로 확인하기 위해서는 큰 거울을 앞에 두고 연습하면 더욱 효과적입니다.

- 팔굽 운동은 활대부터 움직이는 것이 아니라, **팔굽부터 먼저 움직이는 것**에 주의합시다. 팔굽 → 활대로 이어지는 운동이 유연하면서도 연속적일 수 있도록 연습하며, 이때 줄과 줄 사이에서 **소리가 끊어지지 않게** 연결시키면서 파열음이 생기지 않도록 합시다.

1. 

2. 

3. 

4. 

스타카토(셋잇단음표)
5. 

아래의 그림에는 틀린 그림들이 숨어 있답니다.
5군데를 찾아 주세요.

2도 음정

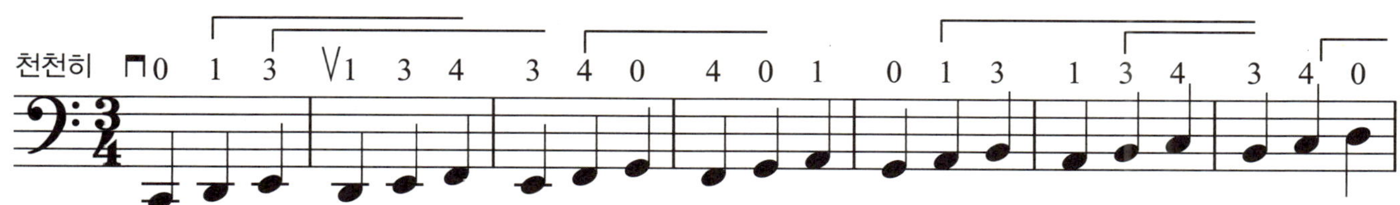

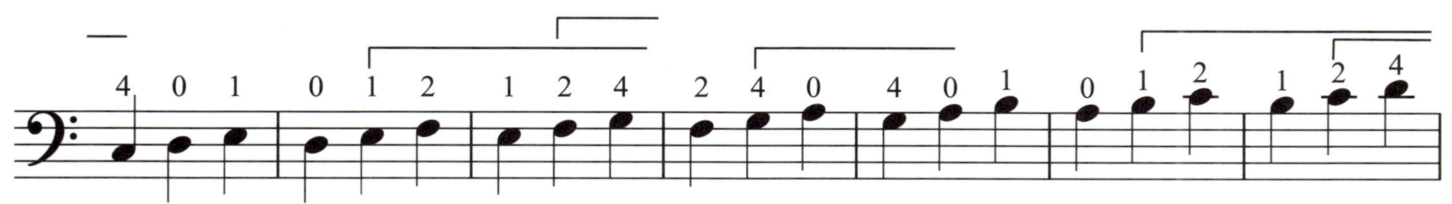

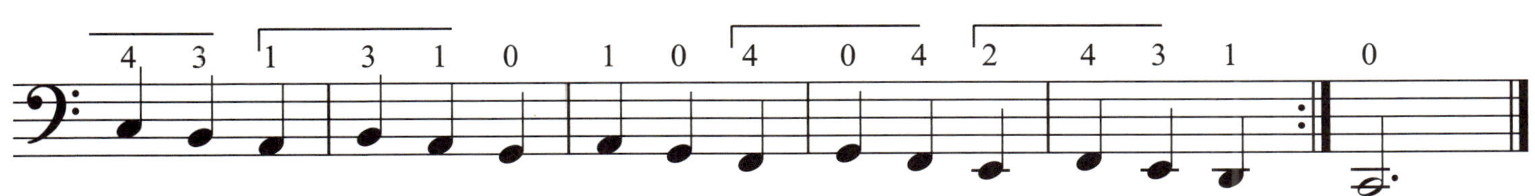

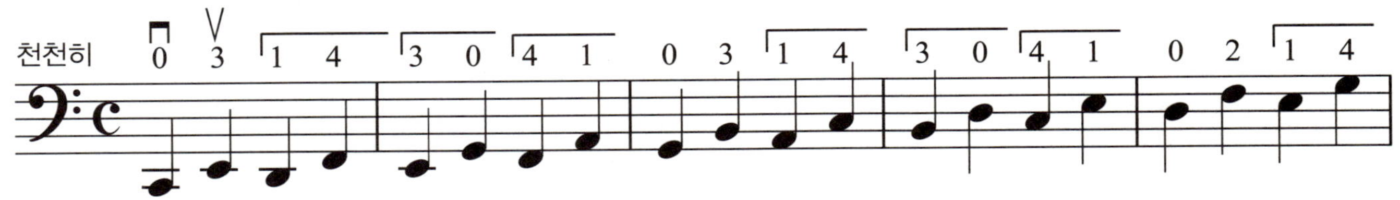

3도 음정

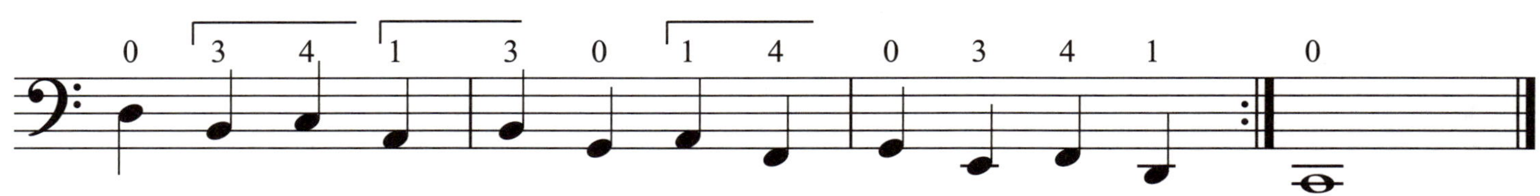

1.

2.

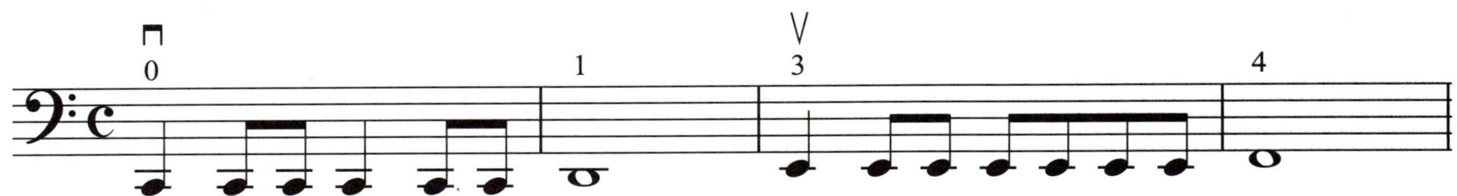

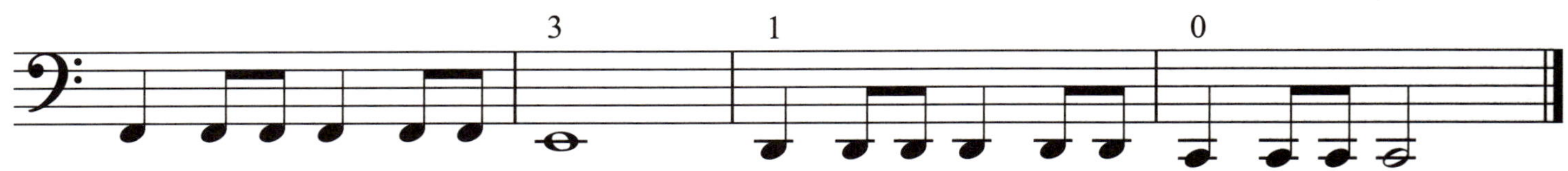

3.

Allegro Moderato

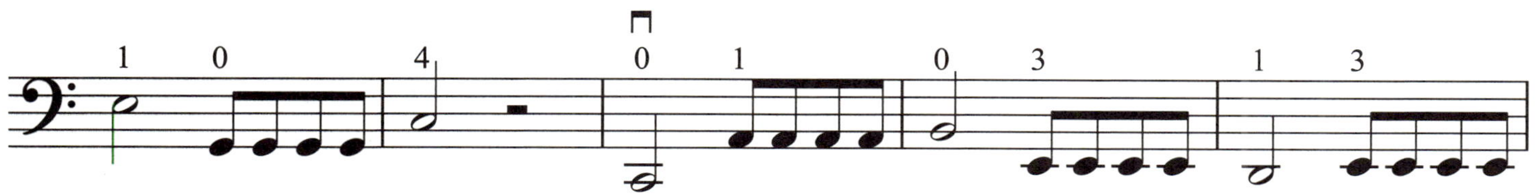

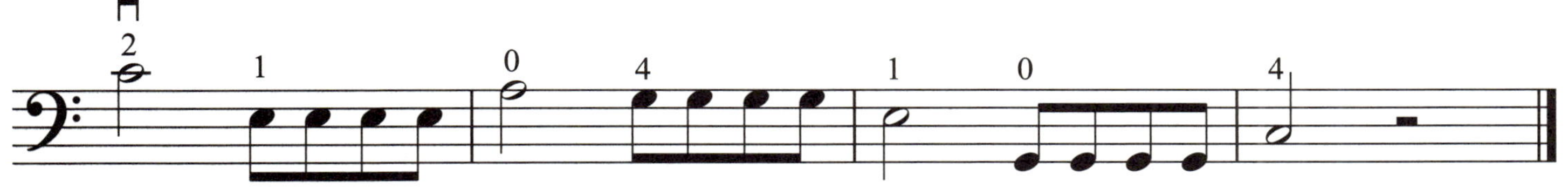

4.
M

5.

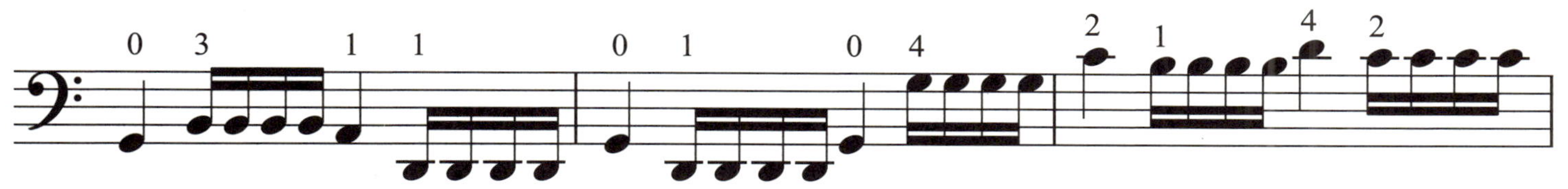

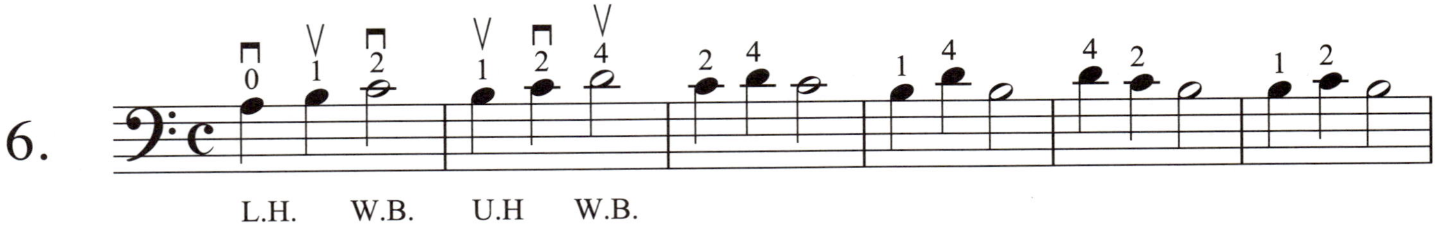

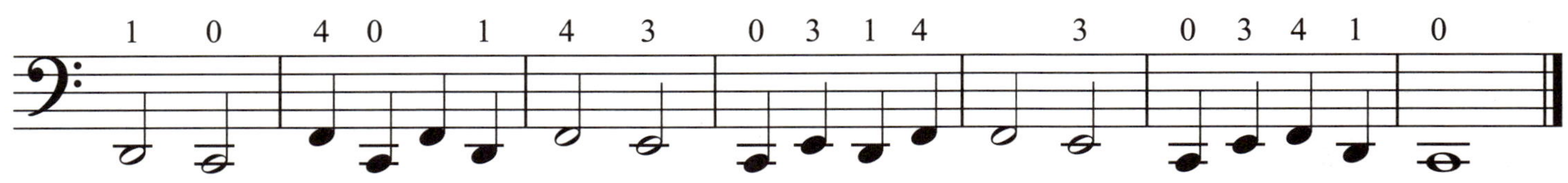

★ 학생이 활 바로켜기 연습과 왼손가락을 정확한 자세로 스스로 할 수 있을 때까지
교사가 손을 잡아주면서 연습시키면 더욱 효과적입니다.

1) 리듬 연습

1.

2.

3.

4.

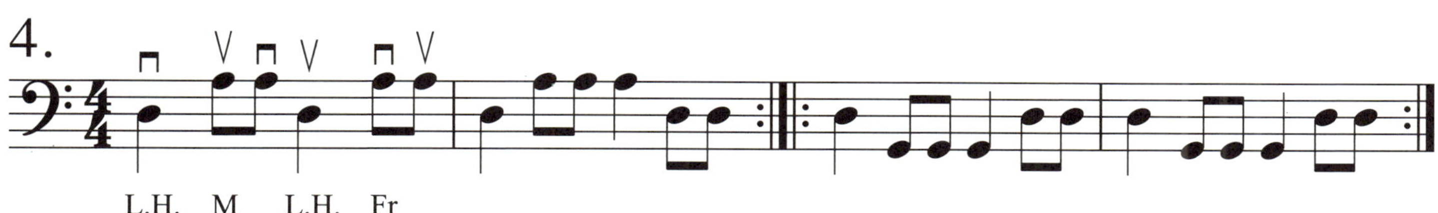

5.

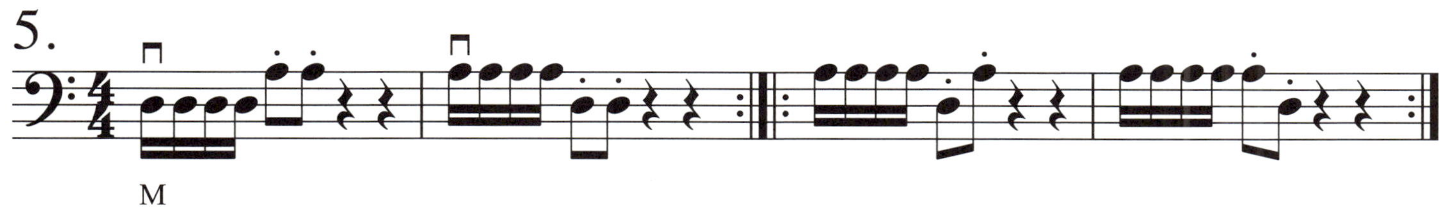

2) 이음줄(slur)

이음줄은 두 개 또는 그 이상의 음표에 붙는 선으로, 악곡의 흐름을 구분하는데 사용합니다.

＊ 줄과 줄 사이를 연결시킬 때 팔굽을 유연하게 움직이도록 합시다.

3) 레가토 (Legato)

레가토는 음과 음 사이가 끊어지는 것을 느끼지 않도록 연주하는 것입니다.

1. 땅 위의 기쁨

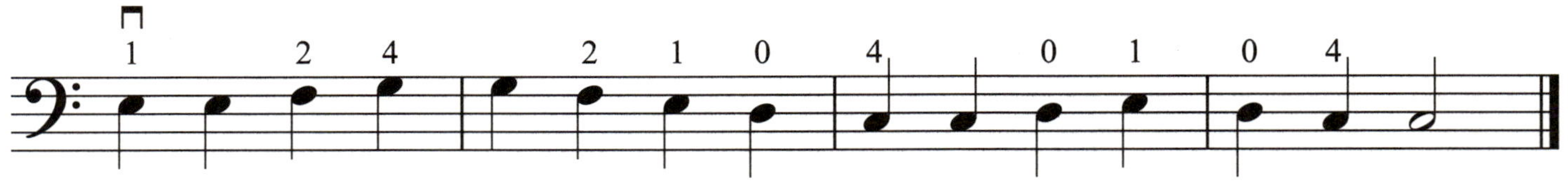

2. 동물농장

미국 민요

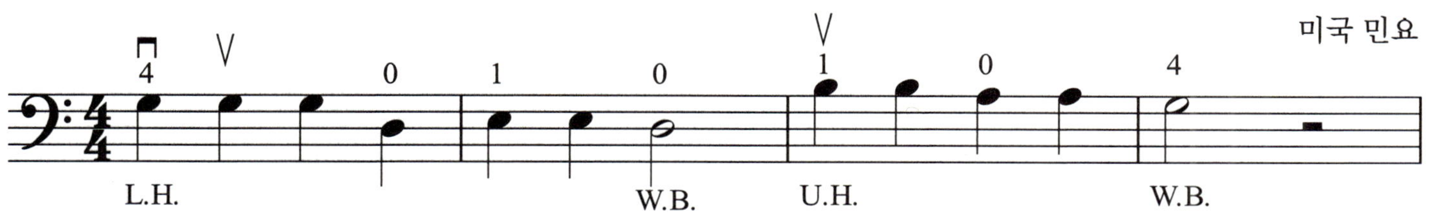

3. 똑같아요

4. 겨울밤

5. 구슬비

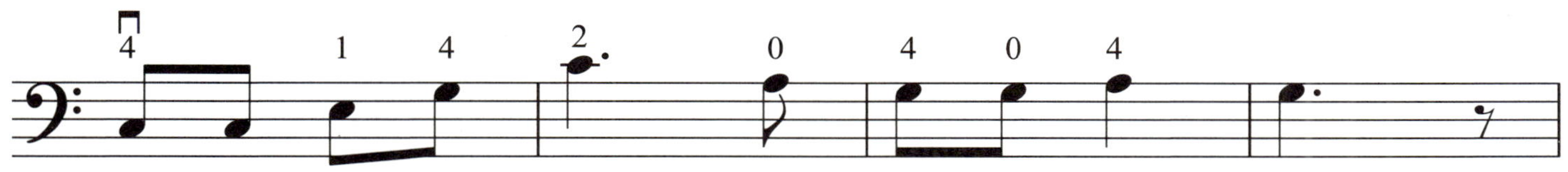

6. 어린이 음악대

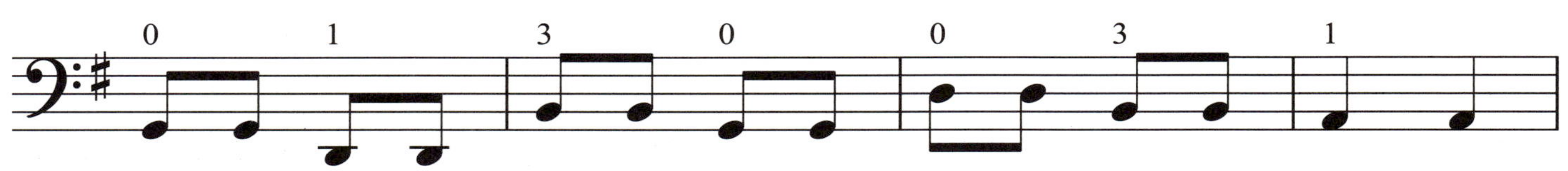

7. 눈꽃송이

보통 빠르게

박재훈

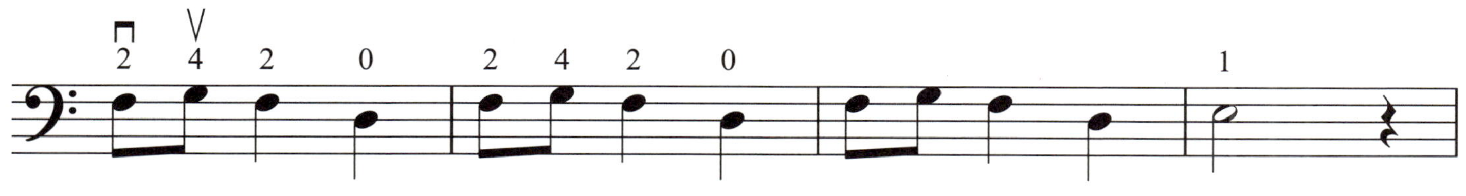

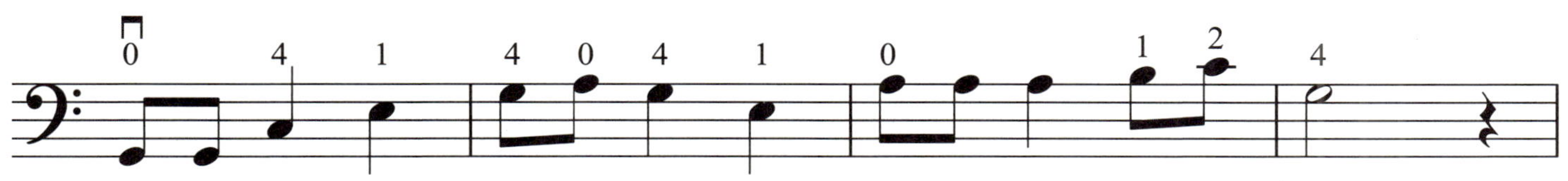

8. 가을길

9. 꼬마 눈사람

★ 꼬마눈사람 ①번을 먼저 연습하고, ②번 리듬으로 연습합시다.

10. 어머님 은혜

박재훈

11. 겨울 나무

정세문

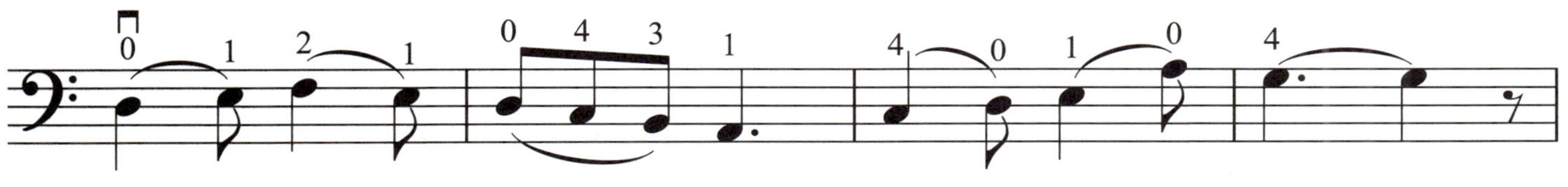

12. 꽃밭에서

권길상

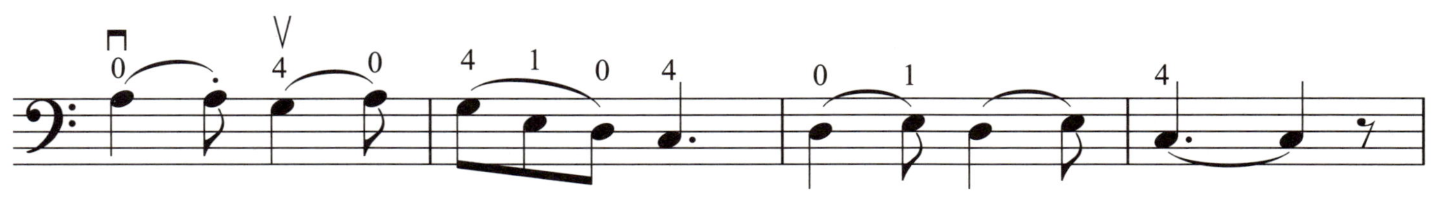

수 료 증

학교 & 학원명 : ________

이   름 : ______

위 어린이 __________ 는
방과후 첼로 Ⅰ, Ⅱ, Ⅲ 과정을
훌륭하게 수료하였습니다.

년   월   일

지도교사 __________ 서명

**이구일의
어린이 방과후 첼로3**

발행인　최우진
저 자　이구일
편 집　조나단, 김재훈, 윤혜민
디자인　김혜령, 정민영
영 업　현석호
관 리　김정숙
발행처　스코어 (대표 정상우)
등 록　2012년 6월 7일 제313-2012-196호
ISBN　978-89-98522-67-4 (14670)
주 소　서울시 마포구 동교로 13길 34 (121-896)
전 화　02)333-3705
팩 스　02)333-3745
　　　　www.allmusicscore.com
　　　　www.openhousebooks.com
판매원　오픈하우스